現代フランスにおける移民の子孫たち

都市・社会統合・アイデンティティの社会学

エマニュエル・サンテリ 著
Emmanuelle Santelli
Les descendants d'immigrés

園山大祐 監修　村上一基 訳

明石書店

現代フランスにおける移民の子孫たち

——都市・社会統合・アイデンティティの社会学

【目　次】

序──日本語の読者に向けて

本書は、フランスにおける二〇年間の移民の子孫の研究についてまとめたものである。一九九七年に、私はアルジェリア系移民の子どもの社会移動に関する博士論文を提出した。この研究は、統合の様式について理解することを目的とするのではなく、移民と家族の歴史のなかで、かれらの社会移動を説明しようとするものであった。つまり、インタビューした人たちは、管理職または自営業に就いている一方、移住してきたかれらの父親の多くは労働者であった。時間と世代間の次元とに研究の注意を注ぎ、想定される社会空間における自立や画一性よりも、同一の人びとの間にある違いに注目した。この博士論文は、次の同一の郊外に育ったマグレブ系若者のコーホート研究に発展する。[1] かれら若者が、成人になるとどのような仕事に就き、少なくとも親のひとりが移民であるときにどのような人と同棲するか、同族婚の規範、家族の力学と学

[1] 次の文献に、E・サンテリのリヨン郊外の若者調査が紹介されている。園山大祐（二〇一七）「フランスにおける社会統合と女性移民の地区外逃避」杉村美紀編『移動する人々と国民国家』明石書店、九九―一一七頁。

校経路へのきょうだいの役割[2]、両親の出身国への経済的投資、大人になること……など。これらすべては、フランス社会における移民の子孫の経路研究の共通点となる。こうした方法論や経路の分析は私の二〇一四年の教授資格審査の中核として評価された。この方法論は、経路研究の認識論的な考察のなかで、移民の子孫の他の研究との比較から導き出されたものである。

ラ・デクベルト社の「ルペール《Repères》」シリーズでの執筆依頼をいただいたとき、まずはフランス社会における移民の子孫とは誰のことか、かれらの特徴はなにか、どのように定義するのか、それらをかれらの経路研究から導くことを試みた。社会生活状況からかれらの実態を明らかにする必要もあった。そこで五つの領域が浮上した。それは一九八〇年代から社会的に広く論じられてきた移民の子孫の職業的地位である。多くの学術研究は、郊外と排除にまつわる問題としてこれら移民の子孫の議論を結晶化させた。そのほか、学校から就労、大人の生活に入ることとカップルで暮らすこと、家族、価値観とトランスナショナルな実践、そしてシティズンシップ、アイデンティティ、宗教は、他の四つの領域となる。本書は、大規模な統計調査（Trajectoires et Origines, Ined, Insee, 2008）と「伝統的な」あるいは新しい質的調査の結果を基に、上記の領域に答えようとした。したがって、学生、中等・高等教育の教員、あるいは移民支援アソシエーション、政治団体、労働組合、一般市民で、移民の子孫に関する現状を知りたいとする人たちに向けた入門書である。

園山大祐氏から日本語への翻訳の企画を提案いただいたとき、とても光栄に感じただけではなく、日本でどのように受け止められるのか、期待の気持ちでいっぱいになった。移民の歴史、移民の入国の形式において両国には違いはあるが、マイノリティの人びとは、国に関係なく同様の経験をする。その意味では日本の読者にもフランスとの共通性は見つけられることだろう。読者の皆さんに、満足のいただけることを期待しつつ、同時に本書が異なった両社会の学術交流の促進に貢献できることを願いたい。

最後に、二〇一七年三月に招へいいただいた大阪大学人間科学研究科、および監修いただいた園山大祐氏ならびに翻訳者の村上一基氏に感謝申し上げる。

二〇一八年一〇月

エマニュエル・サンテリ

(園山大祐　訳)

2　L・モゲルー、E・サンテリ、村上一基訳(二〇一八)「移民系大家族出身の子どもの学校経路」園山大祐編『フランスの社会階層と進路選択――学校制度からの排除と自己選抜のメカニズム』勁草書房、二一六―二三八頁。

【凡例】

・原書におけるイタリック体は、書名・紙誌名の場合は『 』で、それ以外は傍点で示した。
・原書の（ ）［ ］はそのまま用いた。
・原註は、当該語の右に1、2、……で示し、左頁末においた。
・訳註は〔 〕で括り、本文中に挿入した。
・人名（研究者名）は、基本的にフランス語読みで表記し、英語圏の研究者のみ英語読みで表記した。

謝辞

本書執筆のさまざまな段階で援助くださったベアト・コレ、タティアナ・エルメンコ、イヴ・グラフメイヤー、ロール・モゲルー、ヴァンサン・ティベルジュに感謝申し上げる。またとりわけ経路と出自調査の統計処理を行ったエロディ・バリル（国立人口学研究所・プロジェクトサポート調査員）に感謝したい。同じく「ルペール（Repères〔手がかり、基準〕）」コレクションの編集チームにも謝意を表したい。かれらのアドバイスやコメントは本書をよりよくするために大いに役立った。

序　章

一九八〇年代、国民のなかに「移民の子ども」という新しいカテゴリーが出現した。それは誰を指し示すのか。どのような理由からマグレブ系移民家族の子どもは、政治やメディアの場で「第二世代」の問題を生じさせたのか。そのときからなぜ、かれらは定期的にニュースの「一面」をかざる事件と結びつけられてきたのか。メディアは多くの分野で、多かれ少なかれ明示的に、移民の子孫の存在をさまざまな社会問題と結びつけてきた。例えば、教育条件の悪化や学業成績の低下といった学校の問題、都市暴力や非行、非合法経済といった郊外の問題、原理主義や過激なセクト、テロリズムといった治安の問題、非宗教性《ライシテ》や、イスラームと民主主義が両立しないことなどの宗教の問題、さらに男女平等の問題として伝統による障がいや強制結婚などの実践が今も行われていること、があげられる。

社会学の分析はというと、移民の子孫の統合に関する議論（統合のために個人はどのようにすべきか。どのようにかれらはより統合するのか）のもたらす政治的影響を受けていた。時間の経過とともしだいに量が増えたこれらの研究は、たいていの場合、想定された社会問題を出発点に、一般的な社会学の枠外で、その概念やパラダイムを動員することなく発展してきた。A・サイヤードは、移民の社会学は「常に社会問題を参照しながら、移民を捉え、それを定義し、それを考察し、もしくはより単純にそれを語る」という押しつけられた問題群《プロブレマティーク》に立脚している、と指摘した最初の人物である［A. Sayad, 1991: 63］。

ここで移民の子孫の社会学の、研究分野としての貢献を見てみたい。それは一方で、移民の社会学とは区別され、他方で扱う分野によってさまざまな連辞付社会学（家族社会学、雇用をめぐる社会学、人種主義の社会学、宗教社会学など）との密接な対話のなかで発展してきた。移民の子孫の社会学は、その者たちがすでにフランス社会の構成要素であるという前提から出発している。かれらはフランスで生まれ、フランスで育ち、そしてその価値観を習得し、小さい頃からその制度についても熟知している。日常的な活動世界はフランスなのである。そのため成人になってから移住した人びとのケースとは異なる。しかし、ごく最近まで、多くの研究は移民と移民の子孫を無差別に扱ってきた。あたかも前者の状況が後者に直接的に応用できるかのように。それぞれが直面する困難は部分的に共通している（例えば人種差別）が、多くの分野でかれらの社会的経験は大きく異なっている。本書は移民の子孫、特にヴィジブル・マイノリティ出身の子ども（マグレブ、サブサハラ、トルコ、東南アジア出身）を特徴づけることを考察し、そしてかれらの社会的経歴を分析するための、考察の手がかりを提案することを目的としている。

しかしながら、移民の子孫の社会学は移民や移住、そして民族間関係《インターエスニック》の社会学で行われてきた研究からも多くの教えを得るものである。一方で、かれらの家族史は労働移民と結びついている。父親は（ポスト）植民地という背景での経済移民の枠組みでやってきた。この状況はフランス社会における経路（不衛生住宅、低い収入、飛び地《エンクレイブ》のような住居、旧植民地の被支配者に対する蔑視）の原因となる。他方で移民の子孫は移民史の産物であり、その親は亡命や出身国の喪失（すなわち自分たちの準拠や家族関係、日常生活を構成する規範や価値観などの喪失）、さらに外国で、ときには敵対的な新しい環境に適応する困難を経験した。それは痕跡を残しており、経験された侮辱が受け継がれることもあった。この意味で、移民の子孫は移住を経験しており、トランスナショナルな実践に関わることもある（第五章を参照）。最後に、かれらの日常的な行為は、民族間関係の現実を知らしめる。なぜならばエスニックな基準が社会的な相互作用の重要な構成要素であるからであり、それが人種・エスニックな不平等を説明する [M. Safi, 2013]。しかし、それが重要だとしても、他の基準も同様にかれらの社会的経路を理解するために動員すべきである。社会〔階級〕、性別、家族、文脈、歴史などが同時に作用している。

フランス社会において移民の子孫の位置づけがどのように構築されるのかを理解するためには、マジョリティ集団とマイノリティ集団の関係を考慮に入れることも重要である。それはかれらの経路や、かれらが直面する特有の制約、さらには社会のなかで地位を占めることを可能たらしめる行為や資源といったものを研究するよう導くものである [E. Santelli, 2014]。すなわち、それが扱う範囲《スペクトル》は、エスニック集団としてのみ、かれらを扱ってきた社会学よりも広いものとなる。

以下ではまず、当該の人びとを適切かつ操作的な方法で定義したい。次にかれらの人生を包括的にたどるような順序にそって、その主要な分野を検討する。つまり居住環境、特に移民の子孫が育つ社会住宅の団地、学校教育と雇用へのアクセスの条件、大人としての生活のはじまり、カップル形成、家族の実践、伝達される価値観のかれらの経路に対する影響、最後に市民としての実践やアイデンティティ、宗教的な帰属の問題である。

第一章――移民の子孫とは誰か？

全国調査「経路と出自（TeO調査）」（コラム③を参照）で、移民の子孫は、少なくともひとりが移民である親からフランスで生まれた人びととされている。だが本章の最後で、より社会化のプロセスに注意を払うような他の定義にたどり着くだろう。最初の考察の軸は、これらの人びとの表面的な均質性を問いなおすことである。

「第二世代」の複数の世代

「移民の子孫」という用語が今日、コンセンサスを得ているとすれば、それらを指し示すために用いられる言葉は揺れ動いており、特にほとんど正確でもなかった。マグレバン〔マグレブ人〕、ブール、郊外の若者、移民の若者、移民出身の若者、アルジェリア人・チュニジア人・モロッコ人の子どもなどがある。複数の世代を含むことができる「子孫」よりも限定的な「子ども」という言葉はまた、そのライフサイクルを覆い隠し、ある意味で永遠に幼い子どもとされるような自律していない若者の姿を指し示すという欠点がある。「移民の若者、マグレバン」という言葉が指し示すのは、若者なのか、移民家族の子どもなのか、もしくは最近移住した者なのか。この名称をとりまくあいまいさは、まさに争点に価する。移民の子孫を名付け、定義することと、それは社会的紐帯を問うことでもある。つまり、親が移民という特性を持つ個人が、社会の一部をなす方法について問うのである。このように移民の子孫が、移住しフランスで生活した第一世代である父親を参照することで「第二世代」をなすのであれば、かれらはなによりもはっきりと異なるさまざまな社会的世代に属しているはずである［E. Santelli, 2004］。

マグレブ系移民子孫の複数の世代がフランス社会に共存している。一九五〇年代の移民家族の年長者が今日、六〇歳以上であるのに対して、二〇〇〇年代に移住した移民の子孫はまだ子どもである。かれらはそれゆえ、まだ若者ではない。六六％（アルジェリア出身移民の子孫のケース）から九二％（サブサハラ出身のケース）が一八歳から三五歳である［B. Lhommeau et P. Simon, 2010: 15］。そのため、かれらは経路の別の段階にいる。何人かは学校に通っていたり、就労していたり、さらには退職している。他の人びとは労働市場に入り、家族を築いたり、すでに孫を持っていたりもする。

同じ年齢の人びとの間でも、古くに移住したか、近年移住した家族の年長者であるか末っ子であるかというように、さまざまな家族的な世代に属する子孫も見出される［二〇歳から二九歳の青年コーホートに関しては E. Santelli, 2007 を参照〕。かれらは家族史や定住年数、また家族内における位置付けといったことから分化している。

第二世代の概念は同様に、フランス社会ではっきりと異なる時代に育った人びとをまとめるものである。一九八〇年代と二〇〇〇年代に二〇歳であることは、同じ意味を持たない。世代の概念はこのように歴史的かつ長期的な側面に注意を払い、第二世代という概念の背後に隠された状況の多様性を捉えることになる。

メディアではじめて取り上げられた「第二世代」の最初の世代は、一九七〇年代末から八〇年代初頭のさまざまな出来事を受けて組織された「平等と反人種差別のための行進」の世代である。フランスにおけるマグレブ系の若者の集合行為を取り上げた著書において、A・ジャズーリ〔A. Jazouli, 1986: 113〕は経済状況の悪化という背景のなかで、どのようにマグレブ系移民の子孫にあらゆるフラストレーションや恐怖が向けられ、それが一九八三年三月の市町村議会議員選挙での極右政党の躍進に至ったのかを描いている。この選挙結果は、人種主義犯罪への反応であり人びとが後に都市暴力（第二章参照）と呼ぶものや、雇用や住宅、文化へのアクセスにおける不平等の事実を目撃させるような郊外における緊張を、悪化させる結果となった。この暴力のスパイラルから抜け出るために、権利要求の建設的な行為からアイデアが出現した。「平等と反人種差別のための行進」はこの背景から生まれた（コラム①を参照）。移民とその家族の市民的な権利要求という目的のもと一九八三年秋に実現し、公的舞台において「第二世代」を登場させ、かれらに政治的な実存を与えた。フランソワ・ミッテランによってエリゼ宮〔大統領府〕に迎え入れられた行進の代表団は、一〇年の滞在許可証と人種主義的殺人犯に対するより厳格な刑罰という主要な二つの約束を取り付けた。のちに社会党の権力に懐柔されたと批難されたが、この動員はしかしながら、依然として、強い希望を呼び起こし、集合的に熱狂した重要な時代でありつづけ、移民やその家族の承認のための闘いの土台を築いた出来事である。事実、それは、ポスト・コロニアル移民の子どもの公共空間への未曽有の登場を象徴した〔A. Hajjat, 2013〕。一九八三年の「行進者」から二〇〇五年の「暴徒」への歴史は同じく、S・ボーとO・マスクレ〔S. Beaud et O. Masclet, 2006〕によって描き直されており、この運動とその社会的な分岐の歴史社会学に貢献している。

他の出自〔本書では「出自」とのみ表記される場合、親の出生地をもとにした「民族出自」を示している〕を持つ移民の子孫もフランス社会のなかで育っているが、いずれもこれほどまでマジョリティの国民グループとマイノリティ・グループの緊張を象徴するものはなかった。マグレブ系移民の子孫がはじめて移民の親を持ったわけでも、かれらだけが受入社会のなかで困難に直面しているわけでもない。歴史家の研究は実際、マグレブ系移民よりも先に、それ以外の人びとが甘受した強い敵対心や、かれらが育った環境を明らかにしている〔Y. Lequin, 1988; G. Noiriel, 1988=2015〕。例えば、イタリア人はあまりにもカトリックを信仰していることで批難され、それ故、フランス社会には統合できないと考えられていた。ポストコロニアル関係はそのため、マグレブ系移民をA・サイヤードの言う意味で「模範的」な移民とすることで、問題とされた。なぜなら非ヨーロッパ系の、イスラームを信仰する家族が、経済的な危機に大きく直面した社会にはじめて定住したからである。

他の理由は、一九八〇年代の政治的背景にある。一九八一年にF・ミッテランが当選し、外国人に内務省の事前許可なしにアソシエーション〔非営利団体〕を作る権利が付与され、このことが社会文化的アソシエーションの世界における復興を引き起こした。そして、外国人や人種主義に関する政治的議論、権利の平等を要求する運動の増加をかき立てた。一九八〇年代初頭、移民出身の若者のアソシエーションは、第二世代の最初の表現様式や公的な存在様式となり［A. Battegay, 1990］、かれらは結集し、暴力的な蜂起から非暴力の集合行為へと移ることができた。

しかしながら、この行為が肯定的に評価されたとしても、移民の子孫は一九八〇年代以降、絶えずスティグマを与えるような表象の対象とされてきた。そこでは非行青少年から原理主義者、そして生活保護受給者などと表されてきた。なぜ移民の子孫は、社会問題のレンズを通して考えられているのだろうか。それは二つの方向で考えられる。一方で、この問題が登場したフランス社会の背景がある。移民とその子孫は輝ける三〇年〔第二次世界大戦後からオイルショックまでの高度経済成長期〕の終焉から観察される失業率の定期的な上昇、治安感情の高まり、社会的降格（le déclassement social）〔学歴などを鑑みて期待される職業よりも階層の低い職業に就くこと〕の恐怖などの変化の責任を負わされた。そして移民の子孫はこれらの問題（雇用の不足、価値観の喪失、治安）

と結びつけられてきた。こうした理由から、かれらは政治的行為のカテゴリーとして「構築」された。他方で、旧植民地国出身の家族の移住と定住は、多文化社会のあり方という問題を提起することになった。どのようにポストコロニアルな背景のなかで社会を構築していくのか。このようにヴィジブル・マイノリティ出身の移民の子孫の存在は、経済とアイデンティティの争点に同時に帰せられることになった。これら二つの側面は、社会生活と不可分であり、移民の子孫が絶えず政治的議論と結びつけられてきたことは驚くべきことではない。

出自の多様化

二〇一二年、移民の子孫は約六八〇万人、すなわちフランスの居住者人口全体の一一%を数えた [G. Bouvier et Y. Breem, 2014]。数だけでなく割合としても、フランスはヨーロッパのなかで

コラム①

「ブール」小史

郊外で生まれたこの言葉は、「アラブ(arabe)」という単語から作られた。「アラブ」を逆さ言葉にし、縮約すると、「ブール」という表現ができる。次に、それは「ルブー(rebeu)」

（「ブール」の逆さ言葉）という言葉を産んだ。若者はこの言葉で自分たちを呼び合った。一九八〇年代初頭、ラジオの自由放送が多様化し、一九八二年にラジオ・ブールが創設され、この用語が広まることに貢献した。

用語は、翌一九八三年の平等と反人種差別のための行進が、特にリベラシオン誌で「ブールの行進」と名指されたときに普及した。メディアはこの普及に広く貢献した。なぜならこの表現はなによりも、まさにフランスで育ったマグレブ系の人びとを明確に名指しつつも、いくつかの曖昧さ（それは構築されたカテゴリーではない）を残させるからである。

一九九八年、サッカー・ワールドカップでのフランス代表（ブルー）の優勝とその「ブラック・ブラン・ブール（黒人・白人・ブール）」という標語とともに、「ブール」という言葉は肯定的な含意を獲得した。

当初それは当事者によって引き取られ、「ブール世代」によって創られた文化（音楽、映画、アソシエーションなど）を肯定的に示していたが、今日、この言葉は否定的に捉えられている。また政治上の任命が人の出自に起因することをほのめかすために、「職務のブール《ブール・ド・セルヴィス》」という表現をも生じさせた。

「ブールジョワ（beurgeois）」という造語は、近年、マグレブ出自のエリートに属する人びと、すなわち社会的、政治的、もしくは職業的参入に成功した人びとを示すために用いられている。この用語は同様に、C・ヴィトル・ド・ヴェンデンとR・ルヴォー［C. Withol de Wenden et R. Reveau, 2001］によって、アソシエーションや政治運動出身で、そのうちの何人かはこの手段で社会的上昇を経験したような世代を描写するために使われた。

二五歳から五四歳の移民の子孫が最も多くいる国である〔G. Bouvier, 2012〕。

約半分（四八％）の移民の子孫がヨーロッパを出自に持ち（そのうち三分の二がポルトガル、スペイン、イタリアといった南ヨーロッパ諸国）、三〇％がマグレブ系、九％がサブサハラ系、一三％が他の出自（そのうち三分の一がトルコ出身）である〔G. Bouvier et Y. Breem, 2014〕。

マグレブ系と南ヨーロッパ系移民の子孫は似通った人数を数える（二一三万人と二〇一万人、二〇一二年の雇用調査による）が、かれらは移民史によって、特にヨーロッパ系移民はマジョリティに「吸収された」ようであるのに対し、マグレブ系がエスニック・マイノリティを代表することによって異なっている。さらに南ヨーロッパ系移民の子ども（ポルトガル、スペイン、イタリア）の一部は移民の孫である。両親もしくは親のひとりが子どもの時にフランスにやって来たため、その子どもは「第三世代」に属する（スペインもしくはイタリア出身の移民の五〇％は八歳より前に移住した〔B. Lhommeau et P. Simon, 2010: 21〕）。長期の居住期間に加え、文化変容のプロセスも三世代の社会化を通して行われている。両親が成人になってから移住した子孫との比較はできないが、ここから数年でこの状況はマグレブ系家族の間にもより広がるだろう。これらすべての理由から、本書ではヴィジブル・マイノリティ出身の移民の子孫に焦点を当てる。

フランスにおいてマグレブ系移民の子孫が、もっとも人数の多いマイノリティ集団を代表しており、移民の子孫の三分の一を数える（三〇％〔G. Bouvier et Y. Breem, 2011〕もしくは三五％〔P. Breuil-Genier *et al.*, 2011〕）。二〇年前から絶えず増加しており、研究はそのため主としてもっとも

表１　年齢区分・出生地・入国年齢別、移民子孫の出身グループ（%）

親の出自	移民の子孫						
	18-35 歳	36-50 歳	合計	フランス生まれ	7 歳以前に入国	合計	総人数
マグレブ	72	28	100	85	15	100	2009
サブサハラ・アフリカ	93	7	100	92.5	7.5	100	416
トルコ	88	12	100	75	25	100	560
東南アジア	89	11	100	76	24	100	486
モデルグループ	51	49	100	100	0	100	2523

出典：Enquête Trajectoires et Origines (Ined, Insee, 2008). 移民の子孫は、フランス生まれ、もしくは 7 歳以前に入国し、両親が移民である個人と定義した。

脆弱もしくは「統合の欠損」と考えられているかれらに焦点を当ててきた。

統計調査において支配的なアプローチは、集団間の比較であり、マジョリティ集団と比較しての差異を理解しようとする関心からそれは説明される。すなわち不平等が残り続ける説明要因を探ろうとしてきのだ。マグレブ系移民の子孫は一般的に、南ヨーロッパ系もしくはトルコ系の子孫と比較される。これら二つの集団は成功した統合と問題のある統合をそれぞれ代表するからである。統計分析の目的はそのため、マジョリティ集団との差異の広がりを明らかにし、その原因を説明することであった。出自自体の影響を抜き出すため、研究者はだんだんと「すべてのものを平等にする」というロジスティック回帰モデルから推論するようになってきた（問いは社会的特徴を統制した後に、出自の影響に「残余」するものを問うことであった）。

他のグループもしばしば考察されたが、人数が明らかに少なく、人口はまだ「若い」。それは親がサブサハラ・アフリカや東南アジアから移住した人びとである（このことが統計におけるかれらの集約を説明する）。これら個人の大半が一八歳から三五歳の年齢層に属しており、トルコ系移民子孫のケースも同様である（表1を参照）。出自の多様化はまた、より若い年齢層の間で顕著である。フランスで親と暮らす一八歳以下の子どものなかで半分のみが「かつて」押し寄せた移民出身の家族である（南ヨーロッパ系一一・五％、マグレブ系三八・二％）（Insee, Recensement, 2011）。少なくとも親のひとりがサブサハラ・アフリカ出身の子どもは一八・六％であり、アジア（一六％）、その他EU域外ヨーロッパ諸国（一〇％）出身と続く。

このことは統計研究におけるサブサハラ・アフリカ諸国（マグレブ以外のアフリカ）と東南アジア（ヴェトナム、カンボジア、ラオス）出身の人びとに対する関心の増加と、さらにはトルコ出身の人びとへの執拗な関心を説明する。これら三つのグループで、フランス生まれの人数がますます増加している。フランスで生まれた移民の子孫の少なくとも四分の三が一九八一年から一九九〇年の世代（一八歳がTeO調査で考慮される最低年齢である、コラム③を参照）に属している。マグレブ系移民の子孫はというと、一九八一年から一九九〇年生まれはせいぜい五〇％程度である。マグレブ系では、フランスで生まれた三分の一は一九七一年から一九八〇年の世代に、

表2　出自・出生世代別、フランス生まれの移民子孫の割合（%）

親の出生地	1958-1970 年世代	1971-1980 年世代	1981-1990 年世代	合　計
マグレブ	19	34	47	100
サブサハラ・アフリカ	5	19	76	100
トルコ	2	21	77	100
東南アジア	7	15	78	100
モデルグループ	44	29	27	100

出典：Enquête Trajectoires et Origines (Ined, Insee, 2008). 移民の子孫は、フランス生まれ、もしくは7歳以前に入国し、両親が移民である個人と定義した。

二〇%近くが一九五八年から一九七〇年の世代に属している。トルコやサブサハラ・アフリカ、東南アジア出身グループではそれは二%から七%にしか該当しない。結局のところ、統計的に移民の子孫人口を説明する際、これら四つの出身グループを、グループ間の、さらにはマジョリティ・グループとの比較のために用いる。いくつかの分析はしかしながら、他のグループの人数が少ないため、ましてやその下位グループを研究するときは（結婚した個人、男女など）、マグレブ系子孫にのみ限定している。

質的調査も同様に出身集団を多様化させている。長い間マグレブ系やヨーロッパ系子孫に焦点を当てていたが、トルコ、近年ではサブサハラの子孫も含めるようになった。この出現は人数の増加や、さらには「黒人問題」［P. Blanchard, 2014］がますます可視的になったことと結びついている。共和主義のスローガンが肌の色を不平等の要因として考察させない国において、この概念はフランスにおける黒人であることの条件の実態を把握できるよう、アンティル諸島出身〔インド洋上のフランス領〕の人びと（法的には「移民」ではない）をそのため、アプローチに含めて、検討し直されるべきであった［P. Ndiaye, 2008］。

調査

普遍主義の原則により、全国的な統計調査は、一九九〇年代初頭まで、生活条件を問うために、外国人と移民を分けることも（移民はフランス人でありえ、かれらを移民ではない他のフランス人から分けるいかなる理由もなかった）、さらに移民の子孫を抽出することもできなかった。公的統計で考えられてこなかったということは、フランスの統合政策モデルによって説明できるが、およそそれだけではないだろう。おそらく、移民の存在が一時的だと見なされていたことと関連した表象とも結びついているだろう。移民の将来は、出身国に帰ることだったのである。

地理的移動と社会的編入（MGIS）調査（Ined, Insee, 1992）は根本的な断絶を印付けるものであった。「過密な移民流入の段階において、国籍に基づく移民現象のアプローチはある程度の現実を反映していただろうが、移民の流れがはじまったときからはるかに時間が経ってからでは、まったくそれは正当性がない。子どもがフランスで生まれ、成長する［……］時とともに移民はフランス国籍を取得する。それ以来、『外国人人口』というカテゴリーは現実を把握できなく

コラム②

「エスニック統計」をめぐる議論

MGIS調査の結果公表から数年間、M・トリバラとH・ル・ブラーズの間の議論はとりわけ辛辣だった［M. Tribalat, 1996, 1997, 1999; H. Le Bras, 1996, 1997, 1998］。この議論は経路と出自調査（コラム③を参照）の実施とともに再燃した。多様性の計測と差別の評価委員会（Comité pour la mesure de la diversité et l'évaluation des discriminations, COMEDO）の意見に反対するために、エスニック統計と差別考察の代替委員会（Commission alternative de réflexion sur les statistiques ethniques et les discriminations, CARSED）が設立された［E. Badinter et H. Le Bras, 2009］。

「エスニック統計」は、国籍や親の出身国、肌の色のような、差別されることを示すだろう要因によって、人びとの地位や資源の差異を計測しようとするものである。これらの基準に応じて不平等を明らかにすることで（例えば、これらの指標のひとつによって定義できるグループにおける非常に高い失業率）、統計データは世論や政治家の注意を引き、そのため〔差別の〕緩和措置を要請し、採らせることができる。差別の存在やその広がりを明らかにすることは、実効的な公共政策実施に必要な前提条件である。

これらの統計は同様に、家族の社会的出自や獲得した免状のレベル、居住地など、さまざまな不平等の要因の間のあらゆるものを考慮に入れることを可能にさせる。そのため、エスニック統計の利用をほとんど推奨しようとしない研究者がそれでも、社会関係のエスニック化が「すでにそこにある」ので、科学的にそれを考慮に入れることのできるカテゴリーを採用することが重要だと考えるにいたるのである。例えば、D・シュナペール［D. Schnapper, 2008］は、差別への闘い方は民主主義のダイナミックスから生じる、とそれらを正当化する。

なった。外国人＝移民＝外国出身者という混同は、移民フローの発展当初は間違いではなかったが、その後は惨憺たるものであることがわかる」［M. Tribalat, 1995: 10］。

ＭＧＩＳ調査によって移民に関する正確な統計的定義が生まれ、さらに「外国出身者」という定義も移民の子孫を示すために作られた。それは研究者コミュニティにおいて激しい論争を引き起こさないわけがなく、「エスニック統計」使用に関する議論が生じた。二〇年後もコンセンサスはまだ得られていない。その使用は常に異議を唱えられている。

移民の子どもを分けることに成功する

一九九二年のＭＧＩＳ調査はアルジェリア、ポルトガル、スペイン系移民の子どもに限定されている。それはこれらの人びとを分析する第一歩であった。採られた基準（フランスで生まれ、フランス国籍をもつ一八歳から二九歳）は、移民の子孫の一部のみが調査に含まれ、年齢や出生地、また親の国籍を保持しているためにこの基準から除外された人びとは闇の中に残された。

他方で、ＭＧＩＳ調査の著者たちは明らかに同化主義的概念を支持していた［M. Tribalat, 1995: 13-

14]。移民やその子孫がマジョリティに溶け込み、同じようになることが期待されていた（コラム④を参照）。

この研究のあと、P・シモンは使用するカテゴリーを明確にする仕事を続けた。特にあいまいであった国籍と出自という二つのカテゴリーを分類することを目指した［P. Simon, 1998］。フランスでは、他の多くの国と同じように、つい最近まで「第二世代」に関する統計データを扱うことができなかった。シモン［P. Simon, 2007: 45-46］は、量的な見地からそれを研究できるようにするために、統計を集める道具は、親に関する、特に移住の実態や入国年、出生地、出生時の国籍などの情報を集められるようにすべきだと主張した。このように移民の子孫の概念とは、親の移住経路から構築されたカテゴリーである。

親の出生国と出生時の国籍という二つの変数を結びつけることのみが、親が移民であることを類推させる。親が自分たちの生活した国でもある外国で、外国人として生まれたという事実から、その子どもが外国出自の「相続者」という特殊性を持つ。この遺産は、家族史についての情報を与えるという特徴を持つ、ある種の社会的出自として理解されるべきである。この意味で、外国出自は、他の出自のなかのひとつであって、アイデンティティのひとつの側面である。個人をこの側面に還元できるわけはなく、外国出自は多くの側面のうちのひとつである。それが評価されたり、隠蔽されたり、忘却されたり、批難されたり、場合よっては恥ずべきものや主張されるものとして生きられたとしても、個人はこの特徴を参照することもしないことも、このプリズムによって理解されることもされないこともできる。いかなる場合もそれは実存的なものではなく、すなわちそれ自体で個人を定義付けることもできない。

一九九〇年代から、他の調査が、より専門的ではないが、国籍と／もしくは親の出生国に関する質問を含め、移民の子孫を区別した。Ｃｅｒｅｑ（資格に関する調査研究センター、Centre d'études et de recherches sur les qualifications）はこの点で先駆的であった。就職に関する一九九二年世代調査（Génération 1992）は、親の出生時の国籍に関する質問を導入した。しかし調査分野は学業や職業に限定されていた。家族史調査（Étude de l'histoire familiale, Ined, 1999）や、生活史調査（Histoire de vie, Ined, Insee, 2003）、また職業訓練と資格調査（Formation et qualification professionnelles, Insee, 2003）のケースも同様である。二〇〇五年に国立統計経済研究所（Ｉｎｓｅｅ）がはじめて雇用調査に親の出生時の国籍と出生国に関する質問項目を導入した。しかし、これらの調査すべては、必ずしも外国出自を類推しうる二つの変数を兼ね備えているわけではなく[3]、このことがそれぞれの調査結果の間に見られるズレを説明する。

経路と出自調査の目的

数名の研究者の活動は、統計が、社会生活の他の側面に加えて、大規模な不平等を生み出すメカニズムを明らかにすることを目的とするならば、エスニック・カテゴリーの構築なしで済ますことはできないことを明らかにさせてきた［P. Simon, 2008］。しかしフランスという舞台だけでは、政策の変化や不平等との闘いへの公権力の関与を説明するには十分ではない。事実、ヨーロッパの新しい規範的圧力のもとで、フランス政府は一九九〇年代に、政策の方向を変えなければならなかった。差別への言及は一九九二年のフランス刑法に入れられたが、しかし差別との闘いに関する法律の発効は、二〇〇一年まで待たなければならなかった。政策は一九九〇年代後半から実施されたが、それは厳格な「共和主義的教義」の枠組みのなかでなされ、すなわち反差別との闘いを普遍化することになった［O. Masclet, 2012］（普遍主義モデルと差異主義モデルの間に存在する違いの説明は下記を参照のこと、［A. Réa et M. Tripier, 2003: 96 以降］、［M. Boucher, 2000］）。この手続きはそれでも、差別との闘いという政策の大義を少なからず前に進めた。

経路と出自（TeO）調査（Ined, Insee, 2008）はこの背景のなかで考案された。すなわち、〔差別の〕診断と調査の道具を備えるため、差別が個人の経路のなかで起きる鍵となる時期を把握し、差別の存在とその広がりを示すのに必要な統計的要素を提供するものである。この理由からTeO調査は、二〇〇〇年代以降に実施された差別との闘いの政策に役立つ補足的な道具として考えることができる。二〇一〇年代に入りその活用の段階に入ると、この調査は、これまで「社会的時系列の初期段階の行為者として現れ、量的研究において不可視的であった」移民の子孫に関する多くの知識を生産するのに役立った［P. Simon, 2008: 154］。われわれは続くテーマごとの章で、

3　家族史調査の事例では（EHF, Ined, 1999）、移民の子孫には同じく亡命者や引き揚げ者が含まれていた［C. Borrel et P. Simon, 2005］。

その主要な結果を見ていく。

TeO調査のデータは移民家族やその子孫の生活条件の正確な記述を可能にさせる。そのうちのいくつかから、われわれは社会人口学的描写をしよう。これらの結果を念頭に置いておくことは、移民の両親を持つという事実から定義されるこれらの人びとの生活条件の特異性を理解することになる（本章「ふたつの基準——社会化の役割」を参照）。この豊かな調査とそれによって得ることができる知識にもかかわらず、特に人びとが成長し生活する居住環境に関してなど、いくつかの不足もある。

脆弱都市区域（ZUS）に住むことの多い庶民階級の家族

移民の親の就学レベルはあきらかにマジョリティグループの親（フランス国籍でフランス生まれ）のものよりも低い。親の状況に関する子どもからの回答によると、四分の三近く（七四％）のマグレブを含むアフリカ出身の父親はいかなる免状《ディプローム》（高等教育課程の修了証書）も持っていなかった。トルコ系でいかなる免状も持っていない親は少し低く（七一％）、東南アジアからの移民はこのケースでは五四％のみである。マジョリティでは、それは父親の一五％にのみ当てはまる。東南アジア出身移民の父親の特異性はバカロレアや高等教育の免状の高い取得率にあり、マジョリティが二四％であるのに対して二八％である。他のグループでは、このケースに当てはまる父親は六％から一一％のみである。年齢の高い（三六歳から五〇歳）子孫の間では、いかなる免状も持たない父親の割合はより高い（マグレブ系グループでは八四％に当てはまる）。

回答者が一五歳の時に、父親が就いていた社会職業カテゴリーは、低い社会階級に集中していた。アフリカ系移民（マグレブ含む）の子どもの四分の三が労働者の父親を持つ（マグレブ系の七九％）のに対して、マジョリティでは四〇％である（年齢層の違いは大きな差異をもたらさな

コラム③

経路と出自調査（TeO, Ined, Insee, 2008）

『経路と出自調査―フランスの人口多様性』は、二〇〇八年から〇九年に国立人口学研究所（Ined）と国立統計経済研究所（Insee）によって実施され、一八歳から六〇歳の移民ならびに海外県出身者と、フランス本土で生まれ居住する一八歳から五〇歳の移民もしくは海外県出身者の子どもの生活条件と社会的経路に関心を寄せるものである。それは被調査者によって受けられた差別や人種主義の経験を深く調べている。二万一〇〇〇人（八〇〇〇人以上の移民と、少なくとも親のひとりが移民であるフランス本土生まれの人びと八〇〇〇人以上を含んでいる）に実施された。それにより移民の出自（地理的出自もしくは国籍）がどの程度、それぞれの社会での地位を割り当てる、財やサービス、権利へのアクセスの条件と機会を変えうるのかを分析できるようにさせる。

数的に最も少ない移民のフロー（トルコもしくはサブサハラ・アフリカ出身の移民）は、他の調査で不可視にされたこれらのグループに関

して信頼できる統計を作り上げられるように、過剰代表されている。調査はまた、フランス国籍を持って（フランスないし外国で）生まれた両親から、フランス本土で生まれた人びとのサンプルを含んでいる。このサンプルは二つの理由から「マジョリティ人口／グループ」と名付けられた。まずそれは、フランス本土に居住する人口の七五％と数的にフランス社会におけるマジョリティ人口を代表しているからである。次に、それは社会学的な意味でマジョリティであり、移民や移民出身のマイノリティと比べて、出自に基づく差別のプロセスに晒されていない。

質問項目は多くの回顧的なデータを記録しており、多様な領域（勉学、雇用、住宅、結婚生活、トランスナショナルな実践、健康など）における自叙的な流れを検討することができる。これらの流れの中で、個人の位置づけや資源、また、研究されたさまざまな分野において、あるときに受けられるであろう差別を捉えられる。差異の計測は、不平等を計測し、経路を再構成することを可能にさせる。

本調査と並行して、一五歳から二四歳の両親の家に住む被調査者の子どもに対しても調査を実施した。この若者調査はかれらの文化的実践や学校や職業上のアスピレーション、そして親子関係に触れている。

ＴｅＯ調査に続いて二〇〇九年『ＴｅＯ質的事後調査』が行われた。この作業は、閉じた質問項目の枠組みでは扱うのが難しいいくつかのテーマ群を深めることを目的としていた。目的はまた、用いられた方法論による回答の可変性を明確にする手段を提供することでもあった。

詳細は調査のウェブサイトを参照されたい（http://teo.site.ined.fr/）。

い）。トルコ系移民の父親はしばしば自営業（二二％）であることに、東南アジア系は管理職《カードル》や中間的職業（二〇％）に就いていることに、特徴付けられる。

母親に関しては、これまで働いたことのない非就労者の率が特にマグレブ系で高い（六五％、三六歳から五〇歳の世代では七七％）。しかしながら、この割合はおそらく過大に見積もられているだろう。なぜなら質問は、対象者が一五歳のときという過去の状況を参照してなされたからである。ところが、父親が失業したり、障がいをもったり、さらには死亡した後など（しばしば男性は女性よりも高齢で、職業上のリスクに晒されやすい）、母親は就労活動をより後になってからはじめることもあっただろう。トルコ系移民の間の非就労の割合は近似しているが（六〇％）、しかしサブサハラ系の間では明らかにより少なく（三一％）、東南アジア系はさらにそうである（二三％）。マジョリティではこの割合は一三％のみである。この社会職業的地位による家族の形態は、収入の低さを説明し、それはまた家族の人数がしばしば多いことによって増幅する。

特にサブサハラ系の家族のケースでは、五七％が七人以上の子どものいる家族で育っており、マグレブ系では三七％がそうであった（この割合は三六歳から五〇歳の世代では五八％に上昇する）。トルコ系移民家族では六〇％が四人から六人きょうだいで成長しており、東南アジア系移民家族では四一％が一人から三人きょうだいであった。マジョリティでは、三人（もしくはそれ以下）きょうだいが七〇％の家族に当てはまる。移民女性では、出生率の低下は年々鮮明になり、今日では、女性ひとり当たり二・六人にまでなるが（Insee, 2009）、出自に応じた差異がある（アルジェリア系移民女性では三・五人、トルコを除くアジア系では一・九人）。一八歳から三五歳と三六歳から五〇歳の世代間できょうだいの人数を比較するとそれがわかる。最も若い移民の子孫（一八歳から三五歳）は、より小規模な家族で育った。

これらの家族が生きる生活環境は同じく、マジョリティとは強く異なる。しかしながら統計データは、この点について限定されている。ＴｅＯ調査はインフォーマントが一五歳のときから調査時点までの居住歴を再現することはできない。マグレブ系移民子孫とトルコ系移民子孫は「脆弱都市区域（ＺＵＳ）」（一九九六年から二〇一四年まで、社会的に恵まれない地区に対して実施された都市再開発政策と、社会的排除に対する社会政策を組み合わせた都市政策の対象に指定された区域を示した。二〇一五年から都市政策優先地区に置き換えられた）と呼ばれる地区に過剰に代表している。その四分の一がＺＵＳに住んでおり、マジョリティ人口よりも非常に高い割合を示している（二六％対三・五％）。サブサハラ系移民子孫はさらに割合が高く（四二％）、東南アジア出身者ははっきりと少ない（一五％）。

これらの移民の子孫の家族は同様に、賃貸住宅で暮らしていることが多い。アジア系（東南アジアとトルコ）は五〇％から五四％、サブサハラ系では八三％（マグレブ系は六五％がこのケース）である。それはしばしば社会住宅であるが（借家人の地位である割合とほぼ同じ）、マジョリティでは社会住宅を借りている人びとは三一％のケースでしかない。この結果は社会階級と強く結びついている。移民の子孫はマジョリティよりも多く庶民層に属している。しかし差異は同等の職業カテゴリー内でも同じく残っている。庶民階級〔上流階級と中産階級の下に位置付けられる、現代フランス社会の階級構造のなかでもっともつましい階級を示し、労働者や一般従業員などが主に含まれる〕に属するマグレブ系移民子孫は、同じ社会職業層のマジョリティよりも約六倍ZUSに住むことが多い。この社会住宅における移民家族の過剰代表は、「郊外の若者・シテの子ども〔シテ（cité）とは、一九六〇年代から一九八〇年代に建てられた大規模な社会住宅団地を示す〕」〔と移民の子孫を結びつけるような〕イメージを説明づける。これらの家族は同様に、より多くが過密状況を経験している。過密住宅に住む確率は移民世帯が、そうでない世帯よりも二・五倍高い。［Insee Références, 2012: section 5.8］。

移民の子孫がもはや親の家に住んでいないとき、居住状況の改善を指摘できる。かれらが変わらず過剰に代表することがあっても、親よりもZUS地区、シテもしくは集合住宅、さらには移民が大半を占める地区に住んでいることが少ない。かれらは適正家賃住宅（HLM, Habitation à loyer modéré）を借りていることも同様に少ない［L. Moguérou et E. Santelli, 2012a］。これらの結果は、移民世代と移民の子孫の世代の間に上昇住宅移動があることを示す他の調査結果と一致する［J.-L. Pan Ké Shon, 2009］。

自分たちの親と比べて、マグレブ系移民の子孫の状況は多くの分野で改善している。かれらはバカロレアと同等レベルもしくはそれ以上の免状を獲得することが明らかに多く、より高い割合で高技能の職業に就き、住宅の状況はセグリゲーションが少ないことを示している。しかし同年代のマジョリティと比べると、社会的再生産の影響や差別行為のため、状況はより恵まれていない（次章以降を参照のこと）。

ここでは、両親が移民である事実に基づいてデータを扱っている。ひとりの親が移民である場合、結果ははっきりと異なる。父親が労働者であることはいくらか少なく、両親はしばし免状を獲得しており、きょうだいの人数は少なく、家族がZUSに住むことも少なく、母親が同じく就労していることも多い。

ふたつの基準——社会化の役割

ここで紹介されたTeO調査（Ined, Insse, 2008）では、移民の子孫は少なくともひとりの親が移民（外国で外国人として生まれた）であり、自身はフランス本土で生まれた者と定義される。それはInseeと国立人口学研究所（Ined）によって採用された公式の定義である［C. Beauchemin *et al.*, 2010, 2015］。この定義では、両親が移民であることと、親のひとりのみが移民であることが同じだと考えさせるという欠点がある。さらに、フランスに幼いときにやって来た個人も除外してしまう。しかし、かれらがすべての学校教育をフランスで経験し、他の国を知らない場合、フランス生まれとはっきり異なる経路を持つのだろうか。この指摘は移民の子孫を理解するために、同じ出身国もしくは同じ地理エリア出身のふたりの親を持つことと、外国で生まれた場合でも幼少時代をフランスで過ごしたこと、という他のふたつの基準を用いるよう促すものである。最初の基準はＩｎｓｅｅやＩｎｅｄによって採用されたものよりも制限的であり、ふたつ目はより広い。これらは移民の子孫を定義するために認めるのが望ましい、社会化のプロセスの優位性によって正当化される。

移民の両親を持つ——生活環境

同じ国もしくは同じ地理エリア[4]出身の移民の両親を持つのか、それとも移民は親のひとりだけなのかによって、移民の子孫は同じ背景で育つことにならない。社会化のプロセスは異なるのである。なぜなら親のひとりのみが移民である子どもは、もうひとりの親がマジョリティの出身であることを意味する（移民でもなく海外県海外領土出身者でもなく、移住を経験した者の子孫でもない）。親夫婦が混合婚であることはより強く、しばしば完全に、マジョリティ集団へ溶け込ませる（生活の場、社会的実践、伝承される価値観、姓など）。

4　ＴｅＯ調査［B. Lhommeau et P. Simon, 2010: 16］は、移民の子孫の三分の二が移民の両親を持つことを教えてくれる（この割合はいくつかのグループ、特にトルコやサブサハラ・アフリカの移民でより高い）。両親が移民である夫婦において、少なくとも八七％が同じ国出身である（この結果は同様にマグレブを含むアフリカ出身の親で九五％にのぼる）。

例えば、失業率は両親が移民である場合、非常に異なる。両親がマグレブ系、トルコ系、もしくはサブサハラ系移民である子孫の失業率は二〇％であり、混合カップルの子どもは一六％（出自が同じになるよう考慮されている）、またマジョリティでは九％である。他の例として、ひとりの親が移民である場合、その子孫自身も混合カップルを形成する傾向が明らかに高い［C. Hamel *et al.*, 2015］。マグレブ、トルコ、サブサハラ系移民の子孫が混合カップルを形成する割合は三九％であるが、親が混合カップルの場合は八〇％に及ぶ［B. Collet et E. Santelli, 2012a: 81］。このように、両親が移民なのか、それともひとりのみが移民なのかは、社会的実践を変え、社会的地位に影響を及ぼす。なぜなら社会的な相互作用は、個人が育つ家族の背景や組み込まれる環境によって変化するからである。

われわれが採用した定義では、混合カップルの子孫は排除される。そのうちの一部は、それでもやはり移民の子孫と共通するスティグマ化のプロセスを受けている。それは移民の親が母親か父親かによって多かれ少なかれ際だたされる。父親の場合、その名が継承されるため、姓名に結びついた差別のリスクがより高くなる。それは同様に子どもの身体的特徴や生活環境によっても異なる。混合カップルの子孫の経験［A. Unterreiner, 2015］と移民の子孫のそれが部分的に交差するとしても、体系的にそうだとはいえない。

出生地よりも社会化の場

このように定義された移民の子孫は同様に、フランスで生まれた個人に加えて、子ども時代にフランスにやって来て育った人びとも含む。後者は、外国で外国人として生まれたため統計的には移民である。社会学的見地からは、かれらは生活環境が受入国で生まれた人びととまったく変わらないという意味で子孫である［B. Collet et E. Santelli, 2012a］。フランスに幼い子どもとして、ときには生後数週間でやって来て、かれらはフランスで生まれた子どもと同じ社会化のプロセスを経験している。幼いときから（少なくとも小学校から）フランスの教育システムに就学し、かれらはフランス生まれの子どもと共通の準拠枠組みを持つ。育った社会で内面化するあらゆるものを介して、かれらはフランス社会のなかで、それによって社会化される。この一連の共有された準拠は、共通の価値基盤を与える（学校やテレビ、人生のさまざまな段階を印付ける人びとなどを通して）。研究はこのように、サンプルの規模を大きくするために、そしてかれらの経路がほとんど分岐していないために、子孫のグループに、子ども時代にフランスにやって来た個人も含めることになる［R. Aeberhardt *et al.*, 2010］。

しかしながら出生地は重要である。なぜなら法律上、外国での出生は、フランス国籍を取得するために行わなければならない手続きを複雑化させるからである。また象徴的な側面でも、移民の子孫が親と異なる国籍を取得することはしばしば難しい（植民地化の直後、親は子どもにフランス国籍を取得させることを思いとどまらせた）。しかし、この総括は、移民の子孫の年長者にのみ

表3　採用された定義別、ZUSに位置する住宅に住む移民の子孫の割合（%）

親の出生地	両親が移民の子孫	少なくとも親のひとりが移民の子孫
マグレブ	26	24
サブサハラ・アフリカ	42	35
トルコ	26	23
東南アジア	15	12
南ヨーロッパ	6	6

出典 : Enquête Trajectoires et Origines (Ined, Insee, 2008).

有効である。若い世代（三五歳以下）の間では、少なくとも九〇%がフランス国籍を所有している［C. Beauchemin *et al.*, 2010: 121］。

移住決定への不参加と家族での生活

幼少時代に移住した子孫と大人になってから到着した移民（もしくは多くの研究が採用している合意として、一六歳以後）を分けることは重要である。というのも、後者とは異なり、移民の子孫は移住の決定に参加していないからである。移住したのはかれらの両親である。さらにかれらはフランスで家族と生活しており、孤立していない。きょうだいの一部は、フランスで生まれたこともあっただろう。親は確かにかれらを出身国で有効な価値観に応じて教育しているが、しかしかれらは子どもが直面する二重の準拠システムに譲歩しなければならなかった。幼稚園からの子どもの学校教育は、フランス語をより顕著な方法で家庭内に持ち込ませた。たとえ移民の子孫の三分の二が、幼少期に複数の言語環境下にあって、現実に二言語主義だとしても、移民の両親を持つ子孫の間で、「フランス語はたいていの場合、コミュニケーション言語として課されている」［S. Condon et C. Régnard, 2010: 47］。

子ども時代の社会化の経験が移民の子孫と移民を分ける。しかしこの側面は、家族空間やそこで伝承され展開されるもの、また幼年期からの周囲の人びととの役割が僅かにしか考慮されていないため、ほとんど理解されていない。それゆえ、出生国という行政カテゴリー（移住とのつながり）を採用するよりもむしろ、社会化の場を考慮に入れることが適切である。移民の子孫は親が育っていない社会で生活する最初の人びとという特徴を持つ（合衆国ではアメリカ生まれの第一世代という用語が、受入社会で最初に育ったことを強調するためにときおり用いられる）。マジョリティ集団の構成員とは異なり、かれらはそのため他国で社会化され、他の文化的世界に準拠する親を持つという特異性をもつ。これらの親はすでに一連の経験や価値基盤を獲得し、成人してからフランスに到着したことに特徴付けられる。しかしながら今日、大半の子孫にとって、親の定住はすでに三〇年以上前に遡るものである。

結局は、移民の子孫の公式的な定義は、社会的経路において決定的となる、個人が成長し、経験を持つ場や周囲の人びとという、社会化の次元をよりよく考慮に入れるために進展されることができるだろう。続くテーマごとの章では引用する研究の統計を用いる場合、ＩｎｅｄとＩｎｓｅｅの定義によって構築されたものであることに留意しなければならない。それ以外は、筆者による処理の結果であり、ここで正当化された定義を用いる。移民の子孫の状況はよって、より不安定で、より恵まれないものとして現れる。居住地（表3）に関する例をあげることができる。移民の子孫は両親が移民の場合、少なくとも親のひとりが移民であると定義されるときよりも、ZUSにある住宅に住むことがいくらか多い。差異は大きくないが、それはいかなる出自にかかわらず一貫している（その割合がマジョリティと近い南ヨーロッパ出身者が問題となるときは除く）。サブサハラ出身の子孫に関しては、七ポイント上昇する。

TeO調査の結果と多くの質的研究の結果を組み合わせることで、次章以降、さまざまなテーマ別分野において得られた主要な知見を説明する。それは一方でいくつかの問題の古さと時間が経つにつれて再編成された仕方を、他方でなぜフランス社会における移民の子孫の将来を考えることが重要なのかを、理解させてくれるだろう。

コラム④

統合と差別

フランスにおける統合の概念（もしくはアメリカの同化の概念）は、「移民（もしくはその子孫）の特徴の、受入社会の平均的な特徴への個人的な収斂のプロセスとして理解されている」[M. Safi, 2011: 150]。二つの国で、この概念は明らかな同化主義的な遺産から広まった。A・サイヤード [A. Sayad, 1994: 8] は、それを「観念的には、もっとも根本的な他者性から、もっとも完全なアイデンティティへの移行というプロセス」と定義した。このパラダイムの自民族中心主義的な概念に対してなされるだんだんと辛辣になる批判から、他の理論モデルがこのプロセスを考察するために登場した。それは分節化された同化理論（A・ポルテスを中心とした研究者グループによって発展させられた *segmented assimilation* [A. Portes et M. Zhou, 1993]）のケースで、フランスでは二〇〇〇年代から広まった。この理論は、統合プロセスの多元的な特徴と、移民とその子孫の経路の多様性を強調する（コラム⑥参照）。フランスの文脈への適応として、トルコ系移民子孫に関するM・アルマニャグの研究 [M. Armagnague, 2010] を参照のこと。

二つの説明域が「統合」という用語の使用をめぐる緊張を理解させてくれる。まず社会的結束のプロセスを考えるために練り上げられた社会学的なパラダイムと、当事者を他の国民から区別できないようにすることを目指す政治的概念の間の不和がある。個人が社会化されるプロセスを示す、統合の一般的な社会学的概念は、特有の振る舞いが期待される国民の一部を対象とする政策目的と混同されるリスクがある。このように意味論的な変化が確認される。最初のケースでは、統合は「〔社会〕によって統合される」事実を示すのに対して、二つめのケースでは「〔社会〕に統合」できる／しなければならないことに相当する。ひとつ目では、論理は社会にもたらされ、個人がその「全体」の一部になる手段を社会が保障することを想定する。二つ目では、同化のプロセスを容易にするのか、妨げるのかという個人（もしくは集団）の特徴を捉えようとする［D. Schnapper, 1991］。このように移民の子孫（もしくは移民家族）に関して、その統合を可能にする社会的条件を分析しなければならないとき、多くの場合、主題は、一部の人びとが多かれ少なかれ統合に有利であることをそこから推論しようと、その特徴に向けられる。

　研究はこれら二つのアプローチの間で揺れ動きうるが、採用されたパースペクティブは明確にされるべきである。なぜなら一方は個人に統合の責任を向けるが（個人的な資源に応じて）、他方は、個人の処遇の平等に多かれ少なかれ好意的な構造的背景や制度機関を理解しようとするからである。

　一九九八年、統合高等審議会（Haut conseil à l'intégration, HCI）の報告書がはじめて、出自に結びついた差別の存在（とその広がり）を認めた。この報告書は、O・マスクレが想起したように［O. Masclet, 2012: 12］、「移民とその子どもが直面する困難についての公式解釈において、その原因をフランス社会の構造的作用の方向に移すことで、転換点」を印した。以前、これらの困難は移民やその子どもに由来する統合上の問題に属すると理解されていたのである。地理的移動と社会的編入調査は「社会・民族的亀裂」を客観化し［M. Tribalat, 1995］、フランス社会のなかでいくつかの出自グループが苦しむ不平等を明らかにした。説明を覆すためには「数字の力」［F. Lorcerie, 2000］が必要だった。移民家族の社会的状況を特徴付けるのは統合の欠如ではなく、かれらが差別を受けていることにある。差別の概念は法の分野に差し向けられる。それは人の実際の、もしくは仮定された出自を理由にした不利な処遇を示す。

差別を罰する法は、二〇〇一年九月一六日に可決された。その法は今では、刑法上の訴追の対象となる二〇の差別の理由を含んでいる。アメリカでは、「人種」ないし「出自」による反差別の政策は一九六四年に遡り、イギリスでは一九七六年であった。フランスでは、差別に対する関心が公共活動に現れるのは、一九九五年中葉を待たなければならなかった。だんだんと反人種差別を目的とした機関が設置された（市民権へのアクセス委員会CODAC、差別研究グループGED、反差別と平等のための高等機関HALDE、無料電話番号の設置）。明確に表された人種差別の状況とは別に（むしろ一九七二年以降、法が人種差別を罰することはめったに見られない）、たいていの場合、差別を受けた個人は差別されたことが確かでない。なぜなら差別は何よりもそれ自身がプロセスに属しているからである。なぜ個人が不平等な扱いを受けるのかを説明するのは、多くの要因を結合する側面である（外国出自を持つ、また同様に社会住宅地区に住む、労働者の親を持つ、イスラームを信仰する、など）。「交差主義的《インターセクショナリスト》」アプローチは差別の状況を理解するためにますます用いられている。社会的支配のメカニズムの理解において、エスニックな次元は他のもののなかのひとつであり、階級やジェンダーの状況を教える次元に付け加わるのである。

第二章——郊外と排除

フランスにおいて郊外は戦後の複雑な遺産に起因するものである。というのも、団地は「復興と植民地解放、経済発展、移民、住宅危機、国家の強い介入、そして機能的な都市・建築概念の産物」だからである〔M. Kokoreff et D. Lapeyronnie, 2013: 11〕。それらは当初、フランス人の労働者階級や中産階級によって住まわれていた。〔異なる社会階級の〕共存はすぐに緊張を引き起こし、ソーシャルミックスは最終的に短期間しかもたなかった。手段のあった家族はだんだんとこれらの地区を離れ、移民家族がそこに入ってきたからである。かれらは不衛生で快適ではない、自分たちが長年閉じこめられてきた住宅から離れなければならず〔バラック、古い地区の荒廃した住宅、労働者団地の退化した住宅〕、さらには出身国に帰国する展望があった。これらの条件から、社会住宅は、帰国の時期が来たときに退去するというかれらの住宅条件の、明確で現実的な進歩を象徴した〔暖房、水道、明るさ、広さ〕。

家族はこのようにフランスでの滞在を一時的なものだと考え、そもそもそれが移住を可能にする条件の一つであった［A. Sayad, 1979a］。家族の実践は帰国の目的に向けられていた。国の家族を助け、家を建てることなどを通した帰国後の生活の準備のために節約し、フランス国籍を取得せず、さらには子どもに勉強させるのは国の発展に寄与するためであった。一九六〇・七〇年代に子どもであった移民の子孫は、いつかは帰国するという考えのもとで育った。しかし時が経つにつれ、親は帰国という神話を抱いていることがだんだんと明確になった。家族はしだいに定住し、それは子ども、すなわちフランス生まれもしくは幼少期からフランスで育ち、フランス社会で支配的な規範を自分のものとしているこれら「フランスの子ども」［A. Sayad, 1979b］との対立を引き起こさないわけがなかった。一九七〇年代末から都市蜂起が人種主義や差別の拒否を表現し、進行中の統合プロセスを明らかにした。かれらはすでにフランス社会に統合されているため（フランスの価値観を内面化し、フランスで将来を考えている）、排除されることに耐えられなかった。この不公平の根深い感情によって、かれらは集合的に立ち上がったのだった［D. Lapeyronnie, 1987］（行進の事例、第一章参照）。

ロデオから都市暴動へ、社会的不満のサイン

蜂起は郊外の中心的なテーマである。しかし以前は「ブラック・ブルゾン」（一九五〇年代にフランスで生まれ、六〇年代前半まで流行った若者文化で、アメリカのロックンロールとその服装の影響を

強く受けたもの」が、郊外の大衆地区における蜂起を象徴するものであったことは忘れてはならない。

大きく二つの時期区分ができる。一九七〇年代中葉から、移民の子孫は自分たちが人種主義的犯罪の対象となり、制度からは不平等な扱いを受けていることを告発してきた。H・マレウスカ＝ペイル〔H. Malewska-Peyre, 1984〕は、警察や司法、行政機構は、かれらをなにより「罰する」傾向にあったことを明らかにした。移民の子孫の拘留は長く、不起訴は少なく、刑は重い。この検証は近年の調査でも確認されている〔I. Goris *et al.*, 2009; M. Mohammed et L. Mucchielli, 2006〕。これらの不公平に対する怒りを表すために、若者男性（郊外で暮らす若者の中でも少数のみを代表）は「ロデオ」と呼ばれるものに参加した。盗んだ車を（自分たちの）地区ですごい速さで運転し、警察とのカーチェイスを起こした。この段階では、それは小競り合いのようなものだった。この運動は一九八一年夏からヴェニッシュー（リヨン地方）のマンゲット団地で集中的に強まった。それを食い止め、若者の失業問題に対応するために、政府はしだいに若者を対象とした一連の対策を実施するようになった（「アンチ熱い夏」対策〔夏休みに時間を持て余した若者の逸脱行為を防ぐ目的で、夏期講座や余暇活動などを企画・実施する〕など。またこの時期にミッション・ローカル〔一六歳から二五歳の若者の、社会・職業参入のための公的サービス機関〕が設置された）。なぜなら同時期に、経済の脱産業化が生じたからであり、それは大衆地区の伝統的な組織形態の解体でもあった。アソシエーション活動がまだ活発である一方で、郊外の地区はだんだんとこれらの社会変容の影響を受け、それがそこで育つ若者の間でしだいに強まる不満の原因となった。

マレウスカ＝ペイル［H. Malewska-Peyre, 1984］は同様に、アイデンティティの危機的状況や「移民の若者」の逸脱の問題に言及した。多くのマイノリティ研究のように、ステレオタイプが差別的な態度を引き起こし、このラベリングのプロセスが逸脱のキャリアをさらに強めることが明らかにされた。しかしこれらの困難や警察との定期的な対立にもかかわらず、排除の感情は支配的ではない。「団地の内と外」の分断線はまだ乗り越えられないものではなかった。平等と反人種差別のための行進の時代とその若者、より広くは地区の住民は、将来については楽観的であった。

一九九〇年代初頭、ロデオの代わりに最初の都市暴動が生じた。一九九〇年のヴォ・オン・ヴランのマ・デュ・トロの事件〔一九九〇年一〇月にリヨン郊外ヴォ・アン・ヴラン市のマ・デュ・トロ団地で、バイクに二人乗りし、警察の追跡から逃れようとした若者の死亡事故後に起きた暴動〕は、二〇〇五年にクリシー・スー・ボワ（パリ地方）にはじまり、三週間にわたってフランス全土に広がった暴動を頂点とする、長いシリーズのはじまりであった。出発点は一般的に、当該地区の若者の死である。以前と比べて、これらの地区の状況は退廃した。まず失業率がだんだんと高まり、さらに脱産業化の動きと仕事のサービス業化により、ほとんど高等教育を修了していない大衆地区のこれらの若者はもはや、長期にわたって労働市場に入ることができなくなった。同時に、学校やそれが交付する免状はますます雇用へのアクセスにおいて決定的になり、若者が学校システムから「離脱」もしくは「採算に見合う」免状を獲得できなかったとき、フラストレーションや恨みを引き起こす。E・マルリエール［E. Marlière, 2008］は、シテの若者の間のこれらの不公平感情を描写している。

短期間の非正規契約によって雇用の見通しが限られ、これらの若者は排除による失業という展望のなかで生きる。そのため都市暴力がこれらの若者、より広くは恵まれない地区の住民が甘受する社会的暴力への答えとして分析されなければならない［S. Beaud et M. Pialoux, 2003］。なぜなら「景気回復」期に、かれらはエスニックなペナルティを受け続けるからである［R. Silberman et I. Fournier, 2006］。二重の排除（都市のセグリゲーションと社会経済的な失格）のサインとして、都市暴動はこの二〇年間で退廃した状況に対する怒りを表すものであった（このテーマ、特に二〇〇五年の暴動に関しては多くの研究がなされている。下記を参照のこと［V. Le Goaziou et L. Mucchielli, 2006; H. Lagrange et M. Oberti, 2006; Collectif, 2006］。また二〇一〇年を機に出版された *Agora*［2015］）。この意味でこれらの暴動は「政治的異議申し立ての原初的形態」［V. Le Goaziou et L. Mucchielli, 2006］と考えることができ、失業者でも非行青少年でもない若者の参加を説明できる。

あらゆる調査やルポルタージュが、これらの地区の住民、特に若者は、見捨てられ、だんだんと退廃する地区に追放されていると感じている、という同じ検証をしている。排除の感情は高まり、除け者にされ続け、「何でもない」と扱われているとの確信も強まっている。これらの若者は他方で、自分たちの前に立ちはだかり、「通常の生活」へのアクセスを妨げる障がいを熟知している〔E. Santelli, 2007〕。社会学者L・ミュッシエリ〔L. Mucchielli, 2002〕は、彼が提案する改正案のリストにおいて、なぜ青少年非行の多様な形態の変化が、半世紀前からの〈社会〉変動と切り離すことができず、都市開発や消費社会、産業危機、就学、移民、人種主義の歴史とつながりがあるのかを示した。

「シテの若者」を「野蛮」や「ごろつき」のイメージに閉じこめ、いわゆる統合不能を証言することで、政治やメディアの言説は、若者が社会から除け者にされていると感じるこの次第に大きくなる不満を否定する。近年「ZUSに住むか住まないか」は若者が直面する困難の説明変数となった。なぜならZUSに暮らす若者（男性）はしばしば免状がなく、雇用がなく、資格もない（第三章参照）。郊外が社会的不平等の集中によって定義されるならば〔C. Avenel, 2004〕、移民の子孫の状況は、民族人種的不平等というよりも、郊外の若者の極端なケースであろう。F・デュべは一九八七年から「ガレール〔もともとはガレー船という意味であるが、そこから転じて「苦役」「つらい生活」を示す〕」の描写を通して、そのことに言及してきた。不平等はますます悪化しており、郊外に住むことはかつてないほど排除の問題と結びついている。

「郊外の若者」の四つの人物像

都市暴力と結びつけられ、非行青少年という人物像が集合的イメージに課されている。郊外の地区の恵まれない状況のため、非行は年ごとに増加し、さまざまな無作法な振る舞いから地下経済の発展、そして多様な売買の組織化へと進んでいる。しかしながら、これらの活動に参加する大半の若者にとって、それは貧困と闘うための、抜け目ない経済なのである。M・ココレフとD・ラペイロニー［M. Kokoreff et D. Lapeyronnie, 2013: 27］は、郊外の三つの時代を、連続する三つの形態（の変容）に結びつけて分析し、第二の時代がこの並行経済の発展に特徴付けられることを明らかにした。これは部分的に若者のストリートカルチャーによるものであり、同時にそれを強化するものであるという。

シテの若者＝マグレバン＝非行青少年という方程式は、メディアの表象や、非行の問題を移民や国民アイデンティティの問題と結びつける政治的言説に広く見られる（二〇〇八年二月の「郊外の希望」計画発表時のN・サルコジの言説分析はそれを例証している［E. Santelli, 2008: 11］）。しかしながら、このステレオタイプ化された姿は、ごく一部の若者にしか当てはまらない。かれらの可視性のため、「それがしかし、シテの唯一の本物のアクターとして顕れる」［M. Kokoreff et D. Lapeyronnie, 2013: 25］。そして郊外の若者に関する大多数の出版が、これら四つの人物像の一つにのみ焦点を当てている。

ガレール（La Galère）

一九八〇年代初頭、F・デュベはその研究チームと郊外の若者に関する最初の調査を実施した。ガレールの人物像は、かれらの社会的経験を考察するために出現した。これらの若者の世界は、不安定性や秩序崩壊、巧妙な手段、怒りという性質を持つ。この時代は労働者の世界と「赤い郊外〔かつて労働者が独自の生活様式を築き上げ、政治的には共産党の勢力が強かったパリ郊外の労働者階級地区〕」の解体によって特徴付けられ、連帯の形式と政治的参加の様式を変容させた。この背景において、移民の子孫は「しばしばフランス人の若者よりもガレールに深く陥っているが、[しかし同時に] 状況を逆転させるための支柱はかれらの間でより強く、より明確であり、ガレールのロジックを逆転させるより高い能力を持っていること」によって異なっている [F. Dubet, 1987, éd. 2003: 327]。F・デュベはそのため、移民は同じ地区の若者の関係性の根本的な分断ではないとしている。「われわれ」〔移民の若者〕と「かれら」〔フランス人の若者〕の間の対立は指摘されていない。エスニックなセグリゲーションは問題ではなかった〔コラム⑤を参照〕。このガレールの人物像はとても広く動員され続けている。

バンド（La Bande）

一九六〇年代から、バンド〔仲間集団〕という人物像が若者の周縁性、シテに住む庶民階級の若者の周縁性を示している。M・モアメッド [M. Mohammed, 2011] は、この「ブラック・ブルゾン」から「ブルゾン・ブラック〔ブルゾンの黒人〕」への歴史を描き直している。彼は、一九八〇年代からの移民家族の存在の高まりにより、移民がバンドの現象をどのように埋め直したのかを明らかにした。この年代から、「規範的（文明化の）領土としての『共和国』とあらゆる無秩序の地である『郊外』」［M. Mohammed, 2011: 294］を対立させることで、移民問題と治安問題を結びつけることが見られるようになる。だが、バンドのエスニックな側面（若者は共通のアイデンティティの準拠のもとに集まる）は一九九〇年代まで相対的に周縁的であった。

バンドの不安定ではかない特徴に加え、これらの若者の集まりは「違法を犯すダイナミックスと直近の環境との対立関係」［M. Mohammed, 2015: 98］に特徴付けられる。逸脱への関与は「ストリート」の勝利と、家族と学校という二つの社会化の機関の少なくとも一時的な敗北を示す。バンドの究極の目的は社会的である。それは仲間集団に属することを目指すが、「個人の対抗的パフォーマンスとメンバーの失格」［M. Mohammed, 2015: 100］から影響力をくみ出している。なぜなら失敗と社会的失格（la disqualification sociale）〔失業や不安定性により社会的紐帯が弱化し、経済的だけでなく社会的・文化的にも排除されていくプロセス〕を集合的に切り抜ける力をまさに与えることで、いくつかの個人的な傷を包含し、癒し、埋め合わせることができるからである。それは逆説的な力なのである［M. Mohammed, 2014］。バンドは補填的な資源をもたらし、それは脆弱性への答えであり、しかし反対に、地区で道徳的規範を統治させようとする忠誠心や厳しさを前提とする。それらを特徴付ける非行や違法行為の実践により、「バンド」と「ビジネス」はしばしば混同される。より広くはこれらの人物像は相互に影響可能である。他方でドラッグの取り引きが根づいたことは、バンドの若者の社会的経験とその扱いをめぐる主要な二つの変化のひとつである〔M. Mohammed, 2015: 100〕。

ビズネス（La Bizness）

仕事や数カ月の雇用さえ獲得する展望も奪われたこれらの若者の活動のひとつは、ビズネス〔ビジネスのスラング〕をすることである。N・タフラン〔N.Tafferant, 2007〕はこれらの様式のひとつ、ありきたりではあるが「威信ある」製品（ブランドものの服や靴、香水、カバンなど）の転売を研究している。ビズネスは仲間集団と「転売人」に結果として利益をもたらしつつ、最小限の条件で消費社会にアクセスする方策である。非合法商売は同様に他の分野、特に収入が高い麻薬売買でも発展している〔D. Duprez et M. Kokoreff, 2000; P. Jamoulle, 2003〕。しかし大半の場合、これらの若者は「切り抜ける」ことを試みている。ビズネスは生き残りの経済なのである。プロセスは、以前、観察されたものと似ている。進行中の変動は、貧窮を引き起こし、一部の若者に窮地を脱するために代替的な解決策を探させるような政治的周縁化について教える。当然のこととして、この生き残りの経済は現在とつながっている。なぜなら安定した雇用がないため、これらの若者は近い将来に自分を投影することができず、親の家を離れ、カップルで暮らす可能性をも奪われている。そしてそこでは、以前の世代との重大な違いがある。これらの若者は永続的な方法で雇用から遠ざけられている。そのためかれらは、ビズネスに依存し続け、周縁に留まるのである。

ディン（La Dîn）

一九八〇年代末の「ブールの運動」の息切れ（さらに政治的失敗）を背景に、宗教に基づいた動員がアソシエーションの活動によって発展し、郊外の地区における宗教とのつながりの誇示を増加させた［G. Kepel, 1987; J. Césari, 1998; G. Frigoli, 2014］。特に男性の若者にとって、原理主義的運動への宗教的関与は「失敗と排除のスパイラルに抵抗する」方法であるだろう［M. Khedimellah, 2004］。この「ディンにいる／入る」（ディン Dîn とはアラビア語で神に通じる道を示す）という表現を用いることは、厳格主義の原理への執着を示し、原理主義的な宗教実践をとることを表現している。この宗教的関与によって若者が「近代から排除」された自分たちの地位をより認めることができるならば、サラフィー主義イスラームの実践はストリートの文化から抜け出る方法でもある［S. Zegnani, 2013］。この実践は同じく、地区内の、また全体社会との関係を広く構造化させるのに寄与する。しばしば抗議の方法として、特に公的空間の平定に参加することで、周囲の世界の読解に貢献する。そのため、髭を生やした男性やスカーフを被った女性の表象が、とりわけ過激化の動きを伴う原理主義的運動の（第六章参照）、お説教屋というイメージと結びつけられる［D. Bouzar, 2001］。G・ケペル［G. Kepel, 2012］は同じく、特に今やこれらの地区でのハラール（イスラームにおいて許容されたもの）な振る舞いが持つ役割を明らかにすることで、その描写をしている。これらの若者の不満への包括的な回答を提案するまさにバンドのように、この宗教的な運動にくみすることは、家族も学校もソーシャルワーカーも、また公共政策ももたらすことができなかった、神に通じる道のみが与えられる刺激を手に入れさせる。

そして女性は？

これら四つの人物像は、排除を表現するだけでなく、実際に作用している自律やエージェンシーを見出させる。怒りは決然と立ち向かわせ、バンドは組織させ、ビズネスは生き残らせ、宗教は意味を与える。しかしながら、支配的であるのは、ステレオタイプ化されたイメージである。まず郊外は男性の領土のようであり、これら四つの人物像は男性的である。郊外の問題はもっぱら、この男性の社会的経験を映し出す若者のレンズを通して考えられてきた。彼らはしかし、同じ都市空間で育ち生活している姉妹がいる。郊外に関する多くの研究がしかしながら、少女や女性にわずかにしか注意を払っていない［C. Lacoste-Dujardin, 1995; H. Kebabza, 2005; S. Rubi, 2005を除く］。そのため〔研究における〕女性の遅れてきた登場は、N・ブコブザ［N. Boukhobza, 2005］の表現を借りれば、「女子は男子の後に生まれた」と表すことができる。この可視性の差異は、性別によって異なる社会的表象を明らかにするものである。男性の移民の子孫は女性よりもスティグマ化され、差別されている。「社会に問題を起こす」とみなされるのは彼らであり、女性は副次的な役割に閉じこめられているようだ。この態度の二重性は、アイデンティティ構築と郊外の地区における振る舞いに影響を及ぼしている。「男性の人種、女性の性」は都市ゲットーの組織を解釈する鍵のひとつである［D. Lapeyronnie, 2008: 507］。

ストリートカルチャー、都市ゲットー――独自の世界

郊外の最初の時代から、これらの地区に固有の文化の発展が見られた。それは政治的失敗に対するオルタナティブを象徴し［D. Lapeyronnie, 1987］、地区の範囲を超えてひろがる承認の方法でもあった。なぜなら、リヨンのダンスセンターにおけるムラッド・メルズキの振付など、ヒップホップの運動は今日、共通の文化遺産に組み入れられているからである。L・ルロー＝ベルジェ［L. Roulleau-Berger, 1998］は、若者がガレールに抵抗するために「都市の小さな制作世界」に参加する方法を分析した。それは文化や芸術的運動の誕生に貢献し、中心街とつながり、郊外から抜け出るための橋の役割を担った。ストリートカルチャーからはじまったこれらの運動は今日もはや、「窮地を脱する」方法にはなっていない。

ストリートカルチャーは依然として存在し、それは準拠を作る方法であり、そのなかでアイデンティティの帰属が要求されるような、保護をもたらす社会的世界である。D・ルプートル［D. Lepoutre, 1997］は、地区における関係を規定する儀礼やコードを明らかにしている。名誉や評判に基づき、それらは多かれ少なかれ暴力的な競争や争いという振る舞いを結果としてもたらす。これらの若者はそのため「新しい危険な階級（一九世紀前半の爆発的な人口増加によって犯罪が大きな懸念のひとつとなったパリで、ブルジョワジーにも労働者にも、職人や熟練工にも入

れない人口を示すために、L・シュバリエによって用いられた表現〕」のようだ。なぜならその姿勢は、かれらが引き起こす不安や挑発、要求、自分たちの準拠世界のこれ見よがしな誇示に基づいているからである。これらの姿勢は「戦争資本」に属するものである〔T. Sauvadet, 2006〕。これらのシテの中で、これらの男性の行動は、振る舞いの規範、道徳的な秩序を課す傾向にある。これらの地区の（若者）女性はその最初の被害者である。なぜならスティグマ化に抵抗するために、（若者）男性は彼女たちに対して、適応戦略と同一視できるような「受けた暴力への暴力的回答」〔C. Avenel, 2004〕、「アイデンティティの男性化」〔L. Mucchielli, 2005〕、もしくは「アイデンティティのセクシズム」〔C. Hamel, 2005〕として解釈できる社会的管理を行う。女性の側では、私的空間に留まったり、女性性のしるしを消したり、期待された振る舞いをとったりと、不可視になることが、男性との関係を管理する方法である。人種主義を増幅させ、移民やその子どもに関する表象を強化してしまう懸念から、一部のフェミニストはこれらの（若者）男性への補足的なスティグマ化を避けることに敏感であった〔Nouvelles Questions féministes, 2006; N. Guénif-Souilamas et E. Macé, 2004〕。しかし女性の権利を守ることを、人種主義を増長するきっかけとすべきでないならば、郊外の地区の女性が受けた暴力の形態を過小評価することもできない。

頻発する暴力のひとつは、男子による女子に対する支配を通して表される「ジェンダー秩序」に逆らった女子を待ち構える「悪いうわさ」に相当する〔I. Clair, 2008〕。これらの若者の間にもしかしながら、社交性や恋愛の関係は存在するが、それは秘密裏に、場所を切り離して繰り広げられる［I. Clair, 2008; H. Lagrange, 2010］。このように郊外の若者の排除のプロセスは、社会職業的編入の様式に影響があるだけでなく、男性と女性の関係が構築される様式において、親密の実践にも影響を与える。社会学者と「シテの若者」の間で交わされた電子メールのやり取りは［Y.Amrani et S. Beaud, 2004］、他者（女性、「フランス人」など）との関係が構築される様式を例証している。明らかとなった苦しみを通して、個人や家族の経路、また個人が巻き込まれた社会的な実存条件がどのように混じり合っているのかを理解することができる。そこには、「この世界から抜け出る」困難が作用していることが見られる。

この独自の世界は、D・ラペイロニーが都市ゲットーと呼ぶものにつながっている［D. Lapeyronnie, 2008］。「ゲットーは地区と同一ではない。それは場所や都市の区域でもない。一連の社会的行動として理解されるべきである。独特の組織化の様式であり、社会生活の解釈の様式でもあり、住民が自分たちの苦難に意味を与え行動する方法でもあるのだ」［M. Kokoreff et D. Lapeyronnie, 2013: 29］。住民はもはや自分たちが社会に属していると感じられないほどに「外の世界」と自分たちの日常的世界の間の強い社会的分断を感じている。都市ゲットーは外側と内側から同時に作られる。それは檻でもあり、繭でもある。また「ジェンダーをめぐる強いセグリゲーション、男女間のコミュニケーションの不在、伝統的な社会的役割への規範的な準拠」によっても構造化される［D. Lapeyronnie, 2008: 534］。

しかしこの社会的現実は、郊外の地区において生きられた状況のすべてを抽出しているわけではない。大部分の若者はここまで記述してきた四つの人物像のいずれにも関わりを持っておらず、平穏に地区の生活を生きている。

郊外で育ち、そこから出て行く

移民家族が、集合的なイメージにおいて郊外の地区と結びつけられ、実際そこでとても大きく過剰代表している（四〇頁参照）ならば、だからといってすべての家族がいつまでも郊外に住んでいるわけではなく、そこに囚われたままでもない。郊外に住み、そこから出て行くか、かつてはほかの居住環境で暮らしていたか、郊外の地区から離れたところで居住歴が展開したか、複数の要因がそれらを説明できる。例えば、親による戦略（一％の企業負担の枠組みで住宅を付与された場合、他のタイプの地区で住宅を獲得できるまであらゆる提案を拒否する）、移民史によって「命じられた」引っ越し（父親の仕事が小規模な工業都市にあり、家族は他のフランス人庶民階層の家族と一緒に労働者の団地に住み、最終的に中心街の社会住宅に住むことができる）、ときおり幸運な状況から生じた生活の巡り合わせ（戸建て住宅地区が隣接する住宅街の、小さな社会住宅の建物で住居が与えられる）など。家族は同様に持ち家にアクセスすることもでき、より年少の子どもに戸建て住宅地区で育つことを可能にさせる［E. Santelli, 1993］。さらにすべての移民の家族が郊外の地区に同じ年数残るわけではない。そこから出るための計画を持ちながら数年間住むのと、移動の展望なく三〇年以上過ごすのは同じことではない。最後に、同じ地区の中でも家族の社会的、教育的実践は世帯によって非常に異なっている。いくつかの家族が出身コミュニティに近い生活様式を維持し、マジョリティの子どもと自分たちの子どもの接触を制限しようとするのに対し（例えば誕生日会に参加しない）、他の家族は反対に、これらのつながりを評価し、発展させようとする。

このように移民の子孫の三分の二が、社会住宅、特に大半のケースが大衆地区、特にＺＵＳに暮らしているが、かれらは多様な経験や、以前に異なる居住空間を体験したこともある。移住後の年数はそのため決定的な説明要因である。もっとも高齢のマグレブ系移民の子孫はＺＵＳを経験していない可能性が高い。かれらはまた、小規模都市や労働者の団地、戸建て住宅地区もしくは中心街の社会住宅（退廃した古い大衆地区）で暮らしたことが、マグレブ系移民の子孫のなかのより若い世代やサブサハラ系移民子孫よりも多い。後者は近年の移民であり、郊外の第三の時代、すなわちゲットー化の時代を経験している。より若い世代は、同様により住宅差別を感じたと表明している［J.-L. Pan Ké Shon et C. Scodellaro, 2015］。出身コミュニティの構造化や父親の職業状況にかかる理由のため、アジア系移民（トルコ系を含む）の子孫は住宅を所有しているか、もしくは団地以外で家を借りている家族で育つことが多い［Insee Référence,s 2012, section 5.8］。

郊外で育ったすべての人びとが、ひとつの同じ運命を経験するわけではない。コーホートによる調査方法は、同時代に郊外で育ったマグレブ系の若者（男性・女性）すべての将来をフォローし、かれらが調査時に郊外を離れているのかどうかを示すことができる。実際、郊外を離れていたのは、半分近いケースであった［E. Santelli, 2007］。このように異なった大人になるプロセス、特に職業参入の様式が明らかになる。雇用に関する状況と、地区と維持する関係を組み合わせることによって、五つの経路のタイプを識別することができる。それは強く性別化された側面を持ち、経路の多様性にかかわらず、これらの若者の状況は不安定さによって特徴付けられる。三分の二近くが不安定な状況であり（二〇％が非常に不安定な状況）、それはとりわけ若者に影響を及ぼす経済的退廃と外国出自の若者を見舞う不平等のしるしである。

周囲の人びとを文脈化し考察する

住居のセグリゲーションとそれが引き起こす排除のプロセスが、移民の子孫の将来を理解するために中心的であるならば、その状況を文脈に照らし合わせずには研究できない。移民の子孫の世代や出自、時期、家族の実践に応じて、郊外に住むことは同じことを意味しない。さらに郊外の地区がつねに「その若者」と戦っているように思われるのならば、移民の子孫は、かれら自身も年齢を重ねている。かれらは何になるのだろうか。郊外に言及することはしばしば、より一般的な社会現象を表すための縮図でしかない。増大する賃金の不安定化や大量の失業、もっとも資格のない人びとの貧困化、毎年学校をいかなる免状も持たずに去っていく若者の割合、特に新しい危険な階級と表された若者男性が苦しむスティグマ化、ますますグローバル化が進むなかで社会を構築する困難などである。

コラム⑤

エスニックなセグリゲーションは高まっているのか？

アメリカに存在するものとは異なり、地区がエスニックな均質性に特徴付けられるという意味でのゲットーがフランスには存在しないということは、コンセンサスを得ているようだ〔L. Wacquant, 2006; A. Hajjat, 2013〕。しかし、「ゲットー」という言葉はしだいに移民とその子孫の、高い失業率や、困窮ならびに将来の展望の不在という状況、飛び地《エンクレイブ》（公共サービスや公共交通機関へのアクセスの困難）、過度な社会的不満、さらにはだんだんと社会から排除されたと感じる人びとが廃棄という感情をも経験する都市地域への集中を示すために用いられている。この集中は、閉じこもりの感情と一対になっている。これらの住民は、それ以外の人びとと同じような、生活の場を選んだり、いくつかの消費の様式にアクセスしたり、「通常の生活」を営む見込みを持っていない。かれらはまた、スティグマ化された地域に住んでいることを知っている。

二〇〇〇年代以降、研究は都市のセグリゲーションの計測を対象とし（領土における人口の不平等な割当てと、それら地域間の相互作用の度合いの低さ）、その特殊性を説いてきた。それは社会的なのか、エスニックなのか、と。E・プレトゥセイユ〔E. Préteceille, 2006〕は、パリ首都圏において、一般職員や中間職業のカテゴリーがセグリゲーションの低下を経験しているのに対して（「混合された中間層」と形容される特色をもつ地区においてより混成がみられる）、上流階層と庶民カテゴリーという社会的な両極で、偏りが強まっていることを明らかにしている。しかし、移民とその子孫は大きく後者に属している。このエスニックな次元を導入することで、複数の統計分析がアフリカ系（マグレブ含む）とトルコ系住民にとっての民族・人種的なセグリゲーションの増加という結論を導いている［E. Préteceille, 2009; M. Safi, 2009; L. Pan Ké Shon, 2009］。エスニックなセグリゲーションは常に社会経済的なセグリゲーションを上回っているのだ。郊外の地区で行われた調査は住民に対するこの集中の影響と、それが社会的経路に作用する方法（住居やアイデンティティ、学校、職業などの計画）を解読してきた［F. Douzet et J. Robine, 2012; H. Lagrange, 2006; D. Lapeyronnie, 2008; M. Oberti, 2006］。

「ゲットー」という用語の使用は、スティグマ化のリスクの原因となることもあり、注意を払うことが重要である。それはまさに「地区の効果」という仮説に焦点を合わせることが、他の一般的な不平等のメカニズムを忘れさせるリスクがあるのと同じである［この議論の総括として、M. Boisson, 2010を参照］。しかしながら、エスニックな次元を含めずにこの都市問題の理解を深めることはできない。一方で、都市地域への人びとの割当ては、一連の否定的な指標（失業、学校失敗など）が累積した地区へのエスニックな集中を生じさせる。他方で、ZUS地区において最も強く住宅移動が見られる（ジルベールによって想起された現実）は、かならずしも移民住民に関係していない。P・ジルベール［P. Gilbert, 2011］が、「追放された地区」の住民が「囚われの身」ではなく、かれらは同様に住宅の上昇移動を経験していることを強調したことはもっともである。しかし、これらの住民を移民とのつながり（かれらが移民であるか、移民の子どもであるか）によって分けたとき、ZUSの外への移動は移民の間ではよりわずかしかない（リヨン大都市圏で行われた調査［E. Santelli et N. Ponton-Frenay,

2015])。

しかし、これらの地区における生活条件は、〔若者がたむろしている〕階段の踊り場で繰り広げられていることに還元できないだろう。一方で移民の子孫はこれらの住民の一部しか代表しておらず、他方で、たいていの場合、かれらは地下経済や「ストリートカルチャー」に関わっていないからである。また地域や家族の社交性、交流や連帯の様式、スポーツや文化の実践、アソシエーションや社会運動の活気など、そこで繰り広げられる社会生活の豊かさも忘れてはならないだろう。この実践の強さ、そしてそれが日常の相互作用に関して生み出すものが、多くの肯定的な資源を提供し、そしてなぜ多くの住民が自分たちの地区に愛着を示すのかを説明する。全国平均よりも二倍から三倍以上の移民が集中しているときですら、そうである。エスニックなセグリゲーションは社会的不平等と同義であるからこそ、問題を生じさせるのである。

居住地は、移民の子孫が自分たちが準拠する世界を作り上げることに寄与するような、かれらの育つ環境や、若者特有の経験を共有する周囲の人びとについて教えてくれる。しかし居住地における周囲の人びとの構成によって、移民の子孫がマジョリティと日常生活を共有し、かれらが「フランス人」と呼ぶ人びとと暮らす傾向は著しく変化する。いくつかの場は、とりわけこうした周囲の人びとへのアクセスを与える（中心街や村もしくは小さな街の住宅）。居住地は、その配置（孤立しているかしていないか）や多かれ少なかれ移民が強く集中しているかによって、マジョリティ集団との接触を容易にしたり、もしくは反対に接触を妨げる。家族空間での実践（親と子ども、父と母、きょうだい間）もまた周囲に影響される。それぞれが近所の子どもやクラスメイトなどと交際することによって、家族空間の外で観察される実践から、他の準拠世界を得ることができる。居住地は決定的である。なぜならドミノ効果によって他の人生の段階に影響を及ぼすからである。学校での生徒の構成は学区によって決められ、学区自体が居住地に規定されている。学校教育のタイプが労働市場へのアクセス条件を規定する。このように移民の子孫はこの「居住地の与件」〔E. Santelli, 2014〕によって大いに方向を変えられる。それは周囲の人びとがそこで演じる役割によって、社会化の主要な決定要因となる（第五章参照）。C・ビダール〔C. Bidard, 2012〕がはじめて社会化と周囲の人びとに関する理論的考察を例証した。ここでのケースでは、周囲の人びとの構成は、青少年期にわたって友人によってなされる社会化の役割、さらに本質的なこととして、マジョリティや制度へのアクセスの様式を理解するために決定的である。

第三章——学校から就労へ

移民の子孫は学校で特異な状況を経験する。かれらはいかなる免状も持たずに学校システムから離れることが明らかに多く、高等教育の免状を獲得することが少ない。そこには社会的再生産のメカニズムの強さを見ることができる。これらの子どもは、特に経済的・学校的な資源の脆弱さに関して、社会構造における親の支配された地位に苦しむ。しかしまた、出身集団や性別に応じた差異も存在する。そのため一般的な検証は幅を持たせなければならない。

移民家族出身の子どもの就学に関する最初の問題提起は、一九七〇年代に遡る［J.-P. Zirotti, 1989; F. Lorcerie, 1989］。一九七〇年代から八〇年代、外国人生徒の人数の増加は、かれらのフランス語習得の弱さから、特有の困難を危惧させた。一九八〇年には、初等教育の就学人口の一〇％近くが外国人の子どもで構成されていた。一九八一年ならびに都市再開発政策以降、学業失敗に対する闘いは、生徒の家族背景のために学校で脆弱な状況におかれそうな若者の参入を促そうとした。移民家族と学校の関係を扱った著書において、S・ラアシェール［S. Laacher, 2005］は、採用された対策が、どのようにこれらの家族に負わされた言語的な困難を埋め合わせようとしてきたかを明らかにしながら、この歴史を描き直した。しかしごく僅かな生徒のみがフランス語の知識の欠如に該当し、取り上げられた多くの点に関して（中学校入学時の知識レベル、学校の長期欠席など）、同じ社会的状況のフランス人との差異は見られなかった。

このときから他の調査は、H・バスティド［H. Bastide, 1982］によって確立された「失敗の中の統合」という状況を確認した。移民の子どもは同じ社会的カテゴリー出身のマジョリティの子どもよりも失敗を経験しているのではない。しかしかれらは恵まれない社会集団にみられる大規模な学業失敗に直面している。L－A・ヴァレとJ－P・カイユによる一九八九年に中学校に入学した生徒のパネル調査［L.-A. Vallet et J.-P. Caille, 1996］は時代を画するものであった。それは、学校の平均成績がより低いことを明らかにした（多くの留年、技術・職業課程への進路選択、免状獲得の失敗など）。だが、比較しうる社会的・家族的出自に対して、外国出身の子どもはフランス出自よりもよい成績を獲得する。この結果はそれ以降、確証されている（一九九五年に中学校に入った生徒のパネル調査から）。マグレブ系移民の子どもは、似通った社会的出自や学校成績を持つマジョリティの子どもよりも、普通課程や技術課程に進路選択することが多く、普通バカロレアを獲得することが多い［Y. Brinbaum et A. Kieffer, 2009］。つい最近では、TeO調査のデータが出身グループによる分析を洗練させ、男女間に見られる成績の強い不均等を明らかにした。

性別による差異

中学校卒業資格以上の免状を持っていない二〇歳から三五歳までの割合はマジョリティでは一一％であるが（男性が一二％、女性が一〇％）、東南アジア系の一三％から、トルコ系の三二％と、トルコ系移民子孫では二倍から三倍高い［Y. Brinbaum *et al.*, 2012: 46-47］。免状の不在はとくに一八歳から三五歳のアフリカ系（マグレブ系を含む）とトルコ系の男性（二九％から三五％、マジョリティでは一六％）に特徴的である。女性はというと、体系的に割合は低い（二から一六ポイントの差異、マジョリティでは三ポイントの差異、つまり一三％）。ただしトルコ系の女性は、男性よりも免状のない割合が高いことが示されており、例外である（三五％）［Y. Brinbaum, L. Moguérou et J.-L. Primon, 2015: 185］。

免状を持たないことが男性よりも少ない移民の子孫の女性はまた、高等教育の免状を保持していることがより多い。就学状況において、彼女たちは同年代の他の女性と似通っている。女子の学校での優位は移民の子孫の間で確認される。移民の子孫の男性と比べた彼女たちの学業成績は、マジョリティの男女間よりもまた際立っている［Y. Brinbaum, L. Moguérou et J.-L. Primon, 2015］。反対に、人口全般の女性との比較では、高等教育の免状を持っていることはより少ない［Y. Brinbaum, L. Moguérou et J.-L. Primon, 2015］。彼女たちは、また就労生活に入るときに「長い高等

表 4　労働者の父親を持つ 18 歳から 35 歳の男女が獲得した免状（%）

		免状なし	CEP	BEPC	CAP, BEP	技術・職業バカロレア	普通バカロレア	バカロレア取得後 2 年	バカロレア取得後 3 年以上	
男性	マグレブ	17	0	12	25	16	8	10	12	100
	サブサハラ・アフリカ	28	2	11	33	18	3	1	4	100
	トルコ	29	0	5	35	9	5	7	10	100
	東南アジア	17	0	9	27	8	13	11	15	100
	モデルグループ	10	3	9	29	24	6	10	9	100
女性	マグレブ	10	0	9	17	21	12	15	16	100
	サブサハラ・アフリカ	13	0	11	22	25	12	9	8	100
	トルコ	18	1	17	34	12	4	10	4	100
	東南アジア	8	0	7	15	18	16	12	24	100
	モデルグループ	6	2	8	33	18	6	16	11	100

出典 : Enquête Trajectoires et Origines (Ined, Insee, 2008). 移民の子孫は、フランス生まれ、もしくは 7 歳以前に入国し、両親が移民である個人と定義した。

注）CEP ＝初等教育証書、BEPC ＝第 1 期修了証書、CAP ＝職業適格証、BEP ＝職業教育免状

教育」の免状を保持する見込みは二倍少ない［A. Frickey et J.-L. Primon, 2010］。しかしこの比較は、その分野における社会的出自の重みを考慮に入れると、意味をなさない。同等の社会学的特徴を持つと、バカロレアにおいて移民の娘たち（トルコ系を除く）は最も良い成績を残す（免状の種類による区別を操作せず）［Y. Brinbaum *et al.*, 2012: 57］。表4は労働者の父親を持つと申告する人びとのみを取り上げたとき、差異は明らかに低く、もしくは移民の子孫に優位である。マグレブ系移民子孫（男女）は学業を終えたときに免状を獲得しない人数がより多いままであるが、マジョリティとの差異はより小さく、特に高等教育の免状を持つ者の間では、バカロレア後二年以上の免状を手に入れていることが、労働者の父親を持つマジョリティと比較してより多い。そして差異は特に女性の間で鮮明に見られる。

年齢が若いため、移民の子孫は学校の大衆化という背景の恩恵を受けているが、このダイナミックスは女子と男子に異なった利益をもたらす。男子が学校から否定的に捉えられているだけでなく［F. Lorcerie, 2011］、性別によって異なる社会化の様式がここで女子に利益を与える。すなわち、兄弟が享受するものよりも大きな拘束力を持ち、自由放任ではない家庭教育、学校から評価される「学校的な」振る舞い、学校の枠組みのなかに変換しうる家族空間で獲得される資源、である。母親の状況は同様に、解放の原動力として考えられている学校との肯定的な関係を維持するよう促す。

出自による差異

移民の出自を区分し、社会的、家族的な特徴を制御したとき、バカロレア取得の不平等がほぼすべてなくなることに気づく。例外は東南アジア出身の若者男性で、他の出自よりも成功しており、またトルコ系移民子孫（男性・女性）はあまり成功していない。後期中等教育においていかなる免状も獲得しないリスクは、特にトルコやマグレブ、サブサハラ系の男性など移民出身の一部にとってはより強い。これらの結果は、Y・ブランボームやL・モゲルー、J－L・プリモンによって明らかにされたが〔Y. Brinbaum, L. Moguérou et J.-L. Primon, 2012: 46-47〕、M・イシュー〔M. Ichou, 2013=2018〕のトルコやマグレブ、サヘル地方出身の男子の困難が、初等教育から中学校入学まで明白であることを明らかにした研究と一致する。彼の研究は移民の子どもの出身グループ間に学業成績の差異が存在し、それを親の移住前の社会的属性から説明するものである。子どもの成功を説明するために用いることができる家族の経路の要素を考慮しようとするこのアプローチは、家族のダイナミックスのゲームを明らかにした質的調査によって強調されたものである〔Z. Zéroulou, 1985; E. Santelli, 2001〕。移民家族の社会的地位を親がフランスで占める職業的地位に還元しないことはこのように、前もって出身国で繰り広げられたことを考慮に入れられるようにさせる。同時に、フランス社会におけるこれらの親の相対的により恵まれない状況を考慮に入れなければならない（少ない経済的資源、免状がないかごく僅かのみなど）。

「親の社会的出自を制御」（教育レベルと雇用に関する状況）しようとする統計的操作は、より同質的な人口を構成させる。しかしこれは、出身集団間、また各個人の家族や移住の歴史の複雑性といったその内部における差異のために、現実には子どもの就学に関して強く雑多な姿勢を説明しうる状況を凝集させることになる。免状を持っていないが（出身国とフランス）、しかし子どもの学校に対する高いアスピレーションのある移民の親、学校がなかったため、フランスの庶民層のケースにみられる「学校との不幸な関係」すら保持しなかった親、そして国外移住、これらによって移民家族はフランス人家族とは異なる困難を経験している（言語の未習得、フランスの学校システムに関する知識不足）。移民家族は自分たちの願望のための手段を変わらず持ち合わせていない。だが、反対により野心的な社会上昇のプロジェクトや、家族の多様なダイナミックス（例えば、学校に通っていなかったという不公平やフラストレーションの感情）、世帯の構成、居住地、社会的な周囲の人びと、個人のプロジェクトなどによって左右されている。

動員、アスピレーション、家族の支援

似通った社会的、家族的な特徴の比較が、移民の子孫の学校での失敗を相対化させるのに対して［Y. Brinbaum *et al.*, 2014］、個人や家族のアスピレーションを考慮することによって、なぜ移

民の子孫が同じ社会階級の子どもよりも成功するのかを説明することができる。Z・ゼルールの研究は［Z. Zéroulou, 1985］、移民の子孫の就学に関する研究における転換点であった。アルジェリア系移民家族の子どもの二つの学校経路のタイプを検証することで（短期職業課程と高等教育課程）、彼女はそれらを二つの形態の家族の動員から説明した。このアプローチは、学校、次に職業上の成功に関する家族のダイナミックスやその差異化されたインパクトについての分析の道を開いた。移住の動機や出身国と維持するつながり、さらには受入国でのアスピレーションは、子どもの学校での成功や世代間の伝承の重要性のための動員能力を説明する要因としていずれも現れている。数年前から、統計調査は移民家族が同じ社会層の他の家族よりも野心的であり、学校への期待が平均的に高いことを確認してきた［J.-P. Caille et S. O'Prey, 2004; Y. Brinbaum et A. Kieffer, 2005］。

この子どもの社会での成功に対する強い動員は、少なくともその一部にとって、自分たちのアスピレーションを実現するために必要な資源が不十分であることを補填するものである（学校に関する情報の欠如、収入の低さ）。このように伝統的な労働者層とは異なり、移民家族は移住のプロジェクトを社会上昇のプロジェクトと密接に結びつけており、自分たちの子孫の成功のために学校に期待している。これらの家族において、学校に対する明確な親の動員と、より大きな先見の明が相伴うと、移住は未来や子どもとの特別な関係をもたらすことになる。

この仮説を論証するのは難しい。なぜならば家族の動員様式を説明するために用いられる古典的な指標はしばしば簡略的で、漠然とした形でなされる介入を看過し、複雑なプロセスを描くことができない。きょうだい間の助け合いはまた、移民大家族で、移民ではない同じ規模の家族よりも頻繁に生じている状況である〔L. Moguérou et E. Santelli, 2012b; L. Moguérou, 2013〕。きょうだいから得られる学校に関わる支援は同様に、質的研究でも強調されているが〔Z. Zéroulou, 1985; S. Laacher, 1990; B. Lahire, 1995; A. Zehraoui, 1999; C. Delcroix, 2001; E. Santelli, 2001〕、それは今日、統計的にも認められている。この支援はこれらの家族に特有の資源であり、それは主に三つの方法で表される。一方で、労働市場に年長者が入ることは、より幼い子どもが享受しうる補足的な経済的資源となり、かれらは特に学業を続けることができるようになる。他方で、年少のきょうだいは、モデルの役割を果たす年長者が獲得した教育課程に関する知識を持つことになり、年長者は倣うべき経路や避けるべき間違いを示してくれる。最後に、年長者は親の代わりとなる。特にかれらが学校での成功モデルを体現しているならば、日ごとの学校に関する支援を与える（宿題の支援、励まし、成績表のチェックなど）。しかしながら、年長者は、ましてや移住初期に、親が自分たちの滞在を一時的なものと考えていたとき、家族の強い圧力を受けていただろう。かれらは学校の課程に関する情報の欠如、限られた経済的資源、あとから生まれた子どもよりも自分たちに強く及ぼされる親の権威主義のため、可能性の範囲が限られていることを経験した。また義務教育が終わると、家族の生活費を工面するために働きに出なければならなかった。

「年長であることの幸運」

ＴｅＯ調査のデータは、年長者であることは、しばしば学校での成功を示す複数の指標を累積していることを明らかにしている（年少者よりも免状を持たないことが少なく、かれらは小学校で留年することも少なく、バカロレアも頻繁に取得し、そのため高等教育にも進んでいる）。親の学校への動員（宿題の支援や教員との面談によって測られる）は同様に年長者に対してより大きい［L. Moguérou et E. Santelli, 2015］。

そこには、Ｇ・デプランク［G. Desplanques, 1981: 56］が「年長であることの幸運」と題された論文で人口全般について強調した結果を見出すことができるだろう。「親は年長者に対して、希望を託したり、より多くの時間を費やしたりと、さまざまな方法でかれらを特別扱いする」。同じく、いまだ謎に包まれていることを説明するために、親のライフサイクルの影響も強調した。親が最初の子どもを持ったとき、かれら自身もより若い。このことは移民である親の場合、明らかに重要な役割を果たす。なぜならかれらは、年を重ねるごとに労働条件や移住の困難による過度な疲弊、住居の状態悪化を経験するからである［E. Santelli 2001］。移住という背景のなかで、年長者が親にとって最も重要な家庭内のサポートをなしていることも付け加えられるだろう。かれらは行政手続きで親を助け、さまざまな状況に付き添い、学校の領域に移し替えられる特殊な能力を獲得する（厳格さ、成熟、組織感覚、仕事能力など）。それは特に娘たちの場合に当てはまり、彼女たちはしばしばこの種の仕事を果たすよう求められる。

さらにきょうだいのなかでもはじめに生まれた子どもは、自分たちよりも良い仕事に就いてもらうために、学校で成功してもらいたいと思う親のアスピレーションの最初の受託者である。より大きな投資を受け、長男女は自分たちの親が移住計画に投影した期待の継承者であり、移住するために親が企てた努力や受けた苦しみに負債があると感じており、親を失望させることができない。次に家族のダイナミックスのため、末っ子たちは年長者の経験の恩恵に浴することができる。そのためきょうだいの一番上と一番下、これらの子どもが全体的によりよく切り抜けている。世代間の実践や関係を通した家族のこの現実が、学校教育を妨げるよう作用する他の社会的プロセスを隠蔽するべきではない。その学校教育とは、いわんやエスニックなセグリゲーションに特徴付けられる学校をめぐる背景のなかで、庶民層の親が子どもの就学を促す困難に特徴付けられるものである。

エスニックな学校秩序

外国出身の生徒によって学校秩序が乱されるという懸念と並行して、フランス語習得の欠如を理由とした学校での無作法な言動や暴力の高まりに対する批難が生じている。一九八一年、最初の蜂起の直後に、郊外の地区で育った子どもが直面する困難への対応として、優先教育地域（ZEP）が作られた。原則は社会的困難の集中した地域の学校に補足的な手段を与えることであった。これらの学校は「移民出身の子ども」の高い集中によって特徴付けられ、日常的な表象において、学校秩序の乱れがエスニックな出自で形容される生徒の存在とつなげられた。しかし長年の間、共和主義的な普遍主義概念が学校におけるエスニックなセグリゲーションと差別に関する議論を妨げてきた。

移民の子孫が学校での困難に直面するなら、学校にはどの程度その責任があるのだろうか。学校はどのような対応をしているのか。共和主義的ナショナリズムの伝統と袂を分かち［F. Lorcerie, 1994］、数名の社会学者は学校による移民出身の生徒の扱いを明らかにした。例えば、いくつかのクラスに移民の生徒を集めること、進路指導において体系的に職業課程を提案することなどである［J.-P. Payet, 1995; E. Debarbieux, 1998; A. Van Zanten, 2001; G. Felouzis, 2003; J.-P. Zirotti, 2004; F. Sanselme, 2009; F. Dhume *et al.*, 2011］。学校は他方で、エスニシティの問題を理論化するための象徴的な場所になった［F. Lorcerie, 2003］。「郊外の学校」［Payet, 1995］内部のセグリゲーションが論証されて以降、複数のモノグラフが、住居の都市周辺部への追放の高まりや、学校間、さらには課程やクラス内部における大規模なセグリゲーションなど、移民の子孫の就学する恵まれない状況を明らかにしてきた。

教職員（教員、校長、生徒監督）の実践や表象に基づき、研究は学校のミクロコスモスにおいて、一部の人びとはそれらから利点を引き出してきたことを明らかにしている（特にマグレブ、トルコ、サブサハラ系の女子は肯定的な表象を受けている）［F. Lorcerie, 2011］。しかしこれらの学校には、社会的に恵まれない生徒が一般的に平均よりも二倍以上集中している［G. Felouzis *et al.*, 2005］。そしてこの状況は、隔離された学校の生徒に対する教員の学校教育上の志の低さのため、学習に影響を及ぼさないことはない［X. Dumay *et al.*, 2010］。これらの郊外の学校において、教員集団は、しばしば自分たち自身も移民出身である教員によって構成され、それは職業課程で特に見られるが、一部は学校の秩序を確立するためにエスニックな基準を動員する。それによって生徒に学校から軽蔑されているという感情を与え、いずれ不利な影響を及ぼすだろう［F. Sanselme, 2009］。これらの学校の争点は、空間的な追放というプロセスから生じる影響のひとつを強調する（第一章参照）。地位の平等を広めるための政策がなく［F. Dubet, 2010］、この状況は永続的に移民の子孫の経路に重くのし掛かる。しかしエスニックなセグリゲーションは、学区を回避させるよう他の親が取る家族戦略のため、住居の分野よりも学校セクターにおいてより強い。空間的な追放はこのように、より際立った学校に関する追放を伴う。

P・Y・キュセら［P.-Y. Cusset *et al.*, 2015: 3］によって論証された現状は、移民の子孫の学業成績や経路は「幼稚園からはじまる学習における、長期的な不平等の累積的プロセス」の結果である。この状況が大衆層の子どもに共通であれば、フランス特有の二つの特殊性を指摘することができる。まず社会経済的な階層は、他のOECD諸国よりも大きく学業成績に影響を及ぼす。またフランスの学校における移民出身の生徒の割当ては、もっとも集中したもののひとつである。移民家族の子どももまた、職業課程に大規模に進路指導されるが、短期課程のなかでも職を得るためにもっとも有益な見習い訓練課程を享受することはない。いずれも職業参入に重くのし掛かるものである［P.-Y. Cusset *et al.*, 2015: 4-5］。この例を通して、居住地、学校のタイプ、雇用へのアクセス条件の相互依存的なつながりが作用していることを見てとれる。

雇用に関する状況――持続的な失業と増大する不安定性

移民の子孫の雇用問題は長い間、失業のプリズムから論じられてきた。R・シルベルマンとI・フルニエ［R. Silberman et I. Fournier, 1999］は、マグレブ系移民出身の男性が過度に失業していることをはじめて統計的に明らかにした。この労働市場における不平等はその上、これらの人びとに対して行われる差別の指標（を示唆するもの）としても役立つ。

マグレブ、トルコ、サブサハラ系移民の子孫の間では、失業率はマジョリティよりも二・五倍以上、高い（一九%から二七%、東南アジア出身者は一一%、マジョリティは八%）［Y. Brinbaum, D. Meurs et J.-L. Primon, 2015］。これらの割合はもっとも若い世代（二五歳以下）や免状を獲得していない、またZUSに住んでいる者の間でより重要である［enquête Emploi, citée par P.-Y. Cusset *et al.*, 2015］。類似の社会的出自と比較しても（労働者の父親を持つ子ども）、この結果はほとんど変化せず、マグレブ系移民子孫の男性が二倍の失業であることに変わりはない（二一%対一〇%）（source: enquête TeO, Ined, Insee, 2008）。

女性に関してはマジョリティでは、男性よりもごく僅かだけ失業率が高いのに対し（九％対八％）、移民の子孫の女性は同じ出自の男性よりも等しいかそれよりも低く（一二％から二二％）、しかし常にマジョリティよりも高い（九％）。東南アジア系（七％）は例外であり、またトルコ出身の女性は二倍以上高い（二二％）［Y. Brinbaum, D. Meurs et J.-L. Primon, 2015］。父親が労働者であるマグレブ系移民子孫の女性にとっても、傾向は同様である。彼女たちは同じ出自の男性よりも失業していることが少なく、しかしマジョリティの女性よりも明らかに高い（一六％対九％）。移民子孫の女性は学生（一五％対九％）もしくは専業主婦（一一％）が多く、結果として職に就いていることが少ない（五五％対七五％）（source : eunqête TeO, Ined, Insee, 2008）。

移民の子孫はこのように強く失業を経験し、メンバー構成の効果を修正すると（例えば集団間の年齢構造の差異に結びついたもの）、マグレブ系移民子孫の失業のリスクは、マジョリティよりも明らかに高い［Y. Brinbaum, D. Meurs et J.-L. Primon, 2015］。そこではR・シルベルマンとI・フルニエ［R. Silberman et I. Fournier, 2006］が、失業率が低下した時期に、これらの子孫の状況が改善していないことを指摘し明らかにしたエスニックなペナルティが残っている。

雇用に関する状況は同様に、不安定性の増大に特徴付けられる。学校を出てから安定雇用に就くまでの時間は、マグレブ系移民子孫にとって、取り上げられた他のグループよりも長い［M. Okba, 2012, tableau 2］。この不安定性は、経済背景の悪化により、若い世代でより可視的である、A・フリケイとJ-L・プリモン［A. Frickey et J.-L. Primon, 2010］は、就労生活の開始時、若い移民の子孫は特に任期付き雇用や臨時雇い、支援付き雇用（失業対策として、国や自治体によって賃金など雇用にかかる費用の全額もしくは一部負担といった支援が行われる任期付き雇用）、パートタイムに就いていることを明らかにした。「免状を獲得せず教育システムから出た三年後、北アフリカ系〔マグレブ系〕の移民の息子は六九%が非正規の契約で働いている（親がフランス人である場合は五五%）」。学歴が低い場合はこの非正規契約で働く可能性はさらに増加する。アフリカ系移民子孫はさらに労働市場に参入していない。二〇〇九年に六一%が安定雇用であり（公務員もしくは任期なしの雇用）、それに対してフランスで生まれた両親を持つ若者は八二%が安定雇用であった［S. Jugnot, 2012］。

移民の子孫の若者に見られる失業のリスクの標準的な要因をいったん考えると（年齢、性別、免状のレベルと専攻、父親と母親の社会職業カテゴリー、居住地といった慣習的な社会的変数）、もはや差別や社会的ネットワークの影響を疑いようもない、過剰な失業の状況が残る［P.-Y. Cusset *et al.*, 2015］。パリ市職員に対して行った調査はその例を提供する。選抜試験《コンクール》を通した採用枠は（差別から人びとを）保護するものだと考えられている一方で、この調査はヴィジブル・マイノリティによる差別に対する高いレベルでの認識と、複数の段階で、職業経歴が分化していること（たいていの場合は降格や、カテゴリーCへの集中〔フランスの公務員にはA、B、Cの大きく三つのカテゴリーがある。カテゴリーCは一番下に位置付けられる〕）［M. Eberhard et P. Simon, 2014］を明らかにしている。他の領域では、S・シャロクニ［S. Shahrokni, 2015］が示しているように、グランゼコールの免状取得者に関しても、差別の認識と経験は同様に強い。もっとも選別的な高等教育課程をたどったとしても、かれらは民族・人種的なステレオタイプを受けている。その経路は乗り越えなければならない社会的境界に加えて、人種的境界があることを示している。マイノリティの条件はまた、コストを生み出す。社会移動とはさまざまな段階でかれらが、自分たちの社会的地位の両義性を和らげるための手はずを見出さなくてはならないことを意味する。

社会職業カテゴリーによる分布——進行中の社会移動

社会職業カテゴリーによる分布は、親の占める職業的地位と連関している。しかし三分の二以上のマグレブ系移民子孫が労働者の父親を持つのに対し、マジョリティでは三九%のみである［D. Meurs *et al.*, 2015］。これらの父親は同様にマジョリティよりも非熟練の仕事であることが多い。労働者という要因は、三五歳から五〇歳の年齢が高い移民の子孫の男性の間でも重要である。四二%の直近の雇用は労働者の仕事であり、マジョリティでは三〇%だった。マグレブ系移民子孫ではこの割合は四五%である［M. Okba, 2012, tableau 3］。

移民の息子はそれゆえ父親よりも労働者であることが少なく、そうであっても熟練工であることが多い。しかし脱産業化やフランスの学校システムでの勉強にもかかわらず、労働者の息子（三五歳から五〇歳）はまた、マグレブ系移民子孫では五二%が労働者であり、マジョリティでは四五%がそうである［M. Okba, 2012, tableau 7］。労働者層から抜け出ることはしばしば一般従業員の地位への移動としてなされる。職業カテゴリーの変化は、サービス雇用での景気回復の効果ほど、上昇移動と結びついていない。

社会職業上の序列のもうひとつの末端で、マグレブ系移民子孫の八%のみが管理職のポストに就いている。マジョリティでそれは二〇%である［M. Okba, 2012, tableau 3］。比較可能な父親の職業カテゴリーにおいて、差異は少ないが、無くなるわけではない。労働者であるマグレブ系移民の父親を持つ息子は六%のみが管理職になり、マジョリティ人口ではこの割合は、労働者の父親を持っている息子の一三%に上る[5]［M. Okba, 2012, tableau 7］。

三五歳から五〇歳の移民の娘たちでは、一般従業員のカテゴリーでの雇用がマジョリティ（四六%）よりも大きく優勢である（五四%、マグレブ系の父親の場合は五五%）。マグレブ系移民出身の女性では、労働者と一般従業員カテゴリーを加えたとき、男性（六一%）よりもこれらの職業的地位を占めていることが多い（六八%）。しかしながらマジョリティの女性（五四%）との差異は、男性に存在するものよりも低い（マジョリティで労働者もしくは一般従業員の割合は四二%）［M. Okba, 2012, tableau 3］。

同等の社会的出自（労働者の父親）の場合、マグレブ系の女性は同じ男性よりも、マジョリティと似通った分布を見せる。彼女たちは労働者と一般従業員である割合が同等であり、中間的職業であることが少し低く、僅かながら管理職であることが多い（八・五%対七%）［M. Okba, 2012, tableau 7］。この検証は学校での優れた成功と結びついており（七八―七九頁参照）、大家族出身の女性の間で見られる［L. Moguérou *et al.*, 2013］。同じ出自の男性と比べて、マグレブ系女性は管理職であることが多い（全般的にも、同等の社会的出自のなかでも）。このため彼女たちは、男性よりも管理職であることが少ないマジョリティの女性とも異なっている。しかし父親が労働者である男性マジョリティと比べると、彼女たちは管理職の地位を占めることは少ない（一三・五％と八・五％）。

「移民の子どもの運命」［D. Attias-Donfut et F.-C. Wolff, 2009］に関する研究によると、親は全体として子どもの経路に満足しており、自分たちよりもよい状況を獲得するだろうという感情を抱いている。しかしながら、考えられるもしくは現実的な社会的降格の感情はアルジェリア系もしくはサブサハラ・アフリカ系の、とりわけ若者男性やＺＵＳの住民のなかでより頻繁に見られる。より若く、労働市場にあまり参入していないアフリカ系（マグレブ含む）の移民の子孫は、平均三〇％低い生活レベルである。二五歳から三、四〇歳代ではかれらの生活ははるかに同世代のマジョリティに近い［P. Lombardo et J. Pujol, 2011］。

5　前著でＭ・オクバ［M. Okba, 2010］は、他の出身グループを取り上げたが、人数は少なかった。より一般的にも、サブサハラ系と東南アジア系の子孫の労働市場における状況は十分に知られていない。人数の増加のため、新しい注目が生じているようだ。安藤友馬による準備中の博士論文を参照（Ardis の博士給費）。

第二世代から出された挑戦への回答——アメリカとヨーロッパの研究の貢献

大西洋の両側で、研究は移民の子孫の統合様式〔編入様式〕に向けられている。それはなぜ移民の子孫が親の移住から何年も後に、親と同等もしくはそれよりも悪い状況にあるのかを理解しようとしている。国家にとって、「第二世代」のそれぞれの社会における地位をよりよく把握することは喫緊の課題となった。

分節化された同化理論は、この疑問に答えるために練り上げられた。その貢献はエスニック・コミュニティに対するもっとも大きな注意と、マイノリティ人口の将来におけるコミュニティの役割に基づいている。この理論は、統合はマジョリティ・グループへのただの収斂の問題ではないという考えを再確認させた。

二〇〇〇年代初頭以降、同化パラダイムの新しい動きが指摘されている。その支持者たちは、かれらに向けられてきた批判を考慮に入れたことを説明し、「同化主義なき」同化といったように〔R. Brubaker, 2001=2016: 539〕、同化主義的アプローチと距離を取りながら、それを精緻化することを提案した。そのため、特にR・アルバとV・ニー〔R. Alba et N. Nee, 2003〕の共著の出版以降、同化概念の見直しの企てが確認できる。かれらの新しい同化理論は、「エスニック・グループ間の社会的距離の変化という考えを強調する。著者らがまさに収斂の概念を取り上げるなら、それはもはや「〔マジョリティ〕への収斂」ではなく、「〔マイノリティ〕間の収斂」である。考えはマジョリティ・グループを含むというよりも、グループ間の不平等の低下へと向いている」〔M. Safi, 2011: 158-

159]。このパースペクティブにおいて、これらの社会学者は権利の平等を強化する制度的措置やメカニズムのための論陣を張る。差別との闘いは、さまざまな形式の不平等と闘おうとするすべての民主主義社会において共通の強い争点となった。同化の概念の復権はそのため、移民の社会学を広く超える射程を持つ。それは社会の階層化、より広くは社会的不平等の問題の核心なのである。

ヨーロッパの側では、研究の数が著しく増加し、まさにアメリカの研究成果に基づいて、「第二世代」の親が旧植民地国出身で、「移民労働者」として雇われていたことを考慮するための特異なアプローチを発展させた。「第二世代」が家族の定住後、数十年経っても直面し続ける障がいを強調することで、これらの研究は受けられた不平等（社会移動の低さ、政治的代表がほぼ不在、住居のセグリゲーションなど）を強調している。その計画がアメリカ社会学において発展したものと類似していれば、方法はしかしながら分岐している。ヨーロッパの研究はある人口、もしくは同じ特徴を持つ二つの人口と、国民との比較分析に基づいており、それぞれの国の背景の影響を明らかにしようとしている [M. Thomson et M. Crul, 2007]。もっとも頻繁に取り上げられる出身グループはトルコ系移民の子孫である。ヨーロッパレベルでは、『ヨーロッパの第二世代の統合』（TIES, www.tiesprojetct.eu/）が例えば、研究した八カ国におけるトルコ系と旧ユーゴスラビア系移民の子孫の間に存在する差異を強調している [M. Crul *et al.*, 2012]。その結果から、M・クルールとJ・シュナイダー [M. Crul et J. Schneider, 2009] は、比較統合背景理論と名付けられた新しい理論的アプローチを提案した。マジョリティ・グループとマイノリティ・グループの間の差異を説明するために一般的に動員される文化主義的解釈に対して、このアプローチは、統合の国ごとの背景の役割を強調する。その背景自体も制度的な配置（学校や雇用、住宅、宗教、法的枠組みの分野）に依存している。特にこのアプローチは社会的なレベルと個人的なレベルとをよりよく関連付け［J. Schneider et C. Crul, 2012: 31］、そのため作用しているプロセスを強調することを提案する。統合を理解するためには、それより前に行われたことを把握し、それを統合（包摂《インクルーシブ》）能力がある制度と関係付けなければならない。

このヨーロッパ調査と、ニューヨークとロサンゼルスで実施された類似した調査結果を比較するために、二つめの著書が出版された［M. Crul et J. Mollenkopf, 2012］。M・クルールはまた、ヨーロッパの第二世代を特集した三つの雑誌をコーディネートし［M. Crul *et al.*, 2009; 2007; M. Crul et H. Vermeulen, 2003］、二〇一六年に『新しい社会移動、ヨーロッパにおける第二世代のパイオニアたち（*New Social Mobility, Second Generation Pionners in Europe*）』が刊行される。

アングロ・サクソン圏の研究を展望することは、平等の条件を促進しうる、もしくは反対に不平等を増長させうる社会的背景の重要性を明らかにする。一方で、不平等の執拗さと、他方で、統合様式の理解に至るために考察しなければならない要因の複数性のための、新しいアプローチが浮かび上がる。フランスにおいて、類似した進展が観察できる。移民の子孫の社会的地位は、不平等の問題を通してより頻繁に把握される。社会的不平等のパラダイムは、もちろん新しいものではない。それをこれらの人びとに対して適用するということが新しい現象なのである。すなわち、以前、同化主義的パラダイムは、マジョリティとマイノリティの間の格差を縮小させるとみなされる新しい実践が採られることを分析しようとしてきたのであって、マイノリティの間の社会的不平等を縮小させる政策を促進することではなかった。

労働市場でより脆弱な女性

マグレブ系移民子孫の女性は非常に多くが就業人口であり、マジョリティの女性よりも僅かながら少ない。非就業の割合はそれぞれ一八%と一五%である［D. Meurs et A. Pailhé, 2008］。そこでは母親と比べてかなりの変化がある［A. Mainguené, 2014］。仕事に就いている割合は明らかに高く、学歴も比べものにならない。子どもが一五歳だったとき三人に一人の母親が働いており、母親の七〇%がいかなる免状も持っていなかった［M. Okba, 2012: 2］。この根本的な変化は、労働の空間を超えた影響を持ち、これらの家族内部での重要な変化を示す。この変化は、大学の大衆化の動きから同時に恩恵を受けながら、だんだんと生じた。今日、女子が勉学を進め、職業のキャリアに入ることは当たり前である。マグレブ系移民子孫の年長の世代ではそのようなことはなく、彼女たちはかなり多くの場合、こうした決定を親に強引に認めさせなければならなかった［E. Santelli, 2001］。

しかし「就労」の地位は二つの状況を含んでいる。仕事に就いているか、もしくは失業しているか（休職中）である。マグレブ系移民子孫の女性の失業率はマジョリティ女性よりも明らかに高い（二三％対一一％）[enquêtes Emploi 2006-2008, cité par D. Meurs et A. Pailhé, 2010]。彼女たちはまた非正規雇用やパートタイム、もしくは支援付き雇用で働いていることが多く、労働者や一般従業員のカテゴリーのなかでも熟練職に就いていることは少ない。一八歳から四〇歳に関しては、D・ムールとA・ペレ[D. Meurs et A. Pailhé, 2008: 96]が、「マグレブ系第二世代の女性のうち六人に一人は、しばしば雇用と失業の境で、不規則な職にある」と書いている。この状況は三五歳から五〇歳の間で見られ、この年齢層において雇用と失業と非就業の繰り返しが、マグレブ系女性に強く見られる（マジョリティよりも二倍以上）[M. Okba, 2012, tableau 2]。

　マグレブ系移民の娘が男性よりも「よく統合されている」という一般的な表象はどのように説明できるだろうか。そして彼女たちの秀でた学業的成功が、なぜ男性よりも良い社会職業的地位となって現れないのか。それを理解するためには男性と女性、さらに移民の子孫とマジョリティという二重のレベルでの比較を区別しなければならない。学校を出て三年後、いかなる免状も獲得していない若者のなかで、北アフリカ系（マグレブ系）の若者女性はもっとも恵まれない位置にいる。四二％のみが職に就いているが、フランス系の男性は七一・五％である（北アフリカ出身の男性は五〇％、フランス系の女性は四六％）[A. Frickey et J.-L. Primon, 2010, tableau 1]。これらの女性は、同じ出自を持つ男性よりも免状を獲得していることが明らかに高いにもかかわらず、非就業であったり、臨時雇いであったり、失業していたりすることがより多く、男性よりも労働市場で脆弱である。彼女たちは同様に、ネイティブの女性よりも恵まれない地位にいる。反対に、マジョリティと比べて、性別の不平等は際立っていない。そのため「マグレブ系の親から生まれた女性が男性よりも労働市場で受け入れられているという印象は、単に同じくマグレブ系出身男性と比べて、失業のリスクがネイティブよりも低いという事実を反映している」[D. Meurs et A. Pailhé, 2008: 99]。先ほどあげた例では、マジョリティにおける差異は、男性と女性の間で二五ポイントであるのに対し、北アフリカ系移民子孫では八ポイントでしかない。

対照的な状況

マグレブ、トルコ、サブサハラ系移民子孫には、免状を獲得しなかった、もしくは低い免状で学校システムを出た大多数の若者と、高等教育の免状を持つ若者が含まれている。これら二つのグループ間で、民族差別と性差別は、免状を持った女性と免状のない男性に対して労働市場で重なり合い、強化される(上述の分析のように)。

学校の修了証書のレベルがいかなるものであろうと、複数の研究が現在、最も大きな困難は学業の修了と安定雇用へのアクセスの間の移行期間に関わることを明らかにしてきた。学校を出てから二年後に実施されたＣｅｒｅｑ調査はそれを確認している。移民出身の若者は仕事に就いているいることが少ないが、かれらの報酬は少し多い(約五%)[R. Boumahdi et J.-F. Giret, 2005]。この結果は、かれらがその職業状況に到達するために対象となった、過剰な選別によって説明される。移民の子孫のなかでは、越えるべき障がいは労働市場の入り口に位置することが明らかにされている〔D. Meurs *et al.*, 2005〕。カジノ〔全国チェーンのスーパーマーケット〕で実施された調査は、それを確証している。ほとんど免状を持たない非ヨーロッパ系の男性は、安定雇用を獲得するのが難しいが、一度任期のない雇用に就けば、最終的により容易に同じ出自の女性よりも出世する〔E. Cédiey et F. Foroni, 2005〕。

住んでいる場所もまた、考慮に入れなくてはならない。一〇年以上前から、多くの研究が示してきたように、ZUSに住む若者、特に男性は職業参入においてしだいに強まる困難を経験している〔T. Couppié *et al.*, 2013〕。このようにZUSにおいて、マグレブ、トルコ、サブサハラ系の（若者）男性には特に不利な条件が与えられている。失業率は他の場所よりも二倍から三倍高い。いくつかのZUSでは免状のない若者男性は五〇％近くになる（Observatoire national des zones urbaines sensibles）。平均して、ZUSに住む若者の賃金は低く（一〇％）、大抵、非熟練の仕事を得る〔T. Couppié *et al.*, 2010〕。これらの調査はしかしながら、それがZUSに住むすべての若者に同じように影響するわけではないことを明らかにしている〔T. Couppié et C. Gasquet, 2011〕。研究の展望のひとつは、居住地の就労条件への影響と、性別によって差異化された効果をより上手く組み合わせることであろう。

教育と雇用の連関

このように、それ自体が社会・居住環境や学校の状況と結びついている、情報や制度的支援などの重要な資源へのアクセスの不平等の問題が生じる。移民の子孫の大半は、学校の格付けに関する事前知識なく、また進路の仕組みを解読するための資源もなく、学校コース上の進路を決めなければならない。マグレブ系フランス人のコーホート調査は、免状の種類によってもたらされる職業参入への影響を明らかにしている。普通課程から職業・技術課程への移行もしくはその逆は、職業経歴上、同じではない。職業または技術バカロレアを取得し、大学課程に進学した若者よりも、普通バカロレア取得後、DUT〔大学科学技術免状〕やBTS〔上級技術者証書〕といった種類の免状を獲得した若者の方が、労働市場での難局をより上手く切り抜ける［E. Santelli, 2007］。資格の引き下げや不安定性、失業、断片的な時間でのパートタイム雇用はそのため、これらのフラストレーションや失望しか感じられない若者の宿命となる。労働市場で生きられる差別の感情も、景気後退と不安定さの増大という背景のなかで、これまでの学校経路と雇用の可能性の不一致の結果として生じる。雇用市場における多くの不平等はそのため、学校で事前に経験した経路の反映である。職業参入の経路に対する進路の影響についての研究［Y. Brinbaum et C. Guégnard, 2012］や、高等教育の学生が就労生活に入った経験についての研究［A. Frickey et J.-

L. Primon, 2004〕は、それを証明している。この学校と労働の移行という争点は、フランスのように、到達した学業レベルと労働市場での状況の間に強い連関が認められる国では決定的に重要である。国際比較はそれぞれの国の背景に潜む社会的ロジックを明らかにしている（コラム⑥を参照）。ドイツにおいて社会的な距離が取られるのは、追放されたかのような学校の状況によるものであるのに対して、フランスでは就労生活に入るさいに差別が行われている〔I. Tucci, 2010〕。

移民の子孫を同年齢の個人と比較するとき、前者の労働市場への参入における最も大きな困難（最初の安定雇用に就くための平均時間が長く、失業率も高い）は、職業上の地位に関してもより恵まれない状況を経験することの前ぶれとなる。移民の子孫の労働条件やキャリアにおける職業移動についてはまだ十分知られておらず、より入念な調査が行われるべきであろう。非正規契約がつねにより大きな割合を占めることは同様に、一部の若者がとりわけ受けるこの不平等や「フレクスプロワタシオン（flexploitation、フレキシブルという搾取）」〔A. Frickey et J.-L. Primon, 2012〕の長期的な影響を考えさせる。全人口に対する調査において、三〇歳で獲得した状況はしばしば、その後の職業経路を示す良い指標だとされてきた〔O. Monso, 2006〕。全体的により不安定なこれらの人びとにおいて、それはどうなるのだろうか。

大人になる段階が長引き、後戻りすることもあるようになった状況で〔O. Galland, 2000〕、移民の子孫にとってのこのプロセスを検討することは適切であろう。「移民出身の若者」について多くの質的研究がなされているにもかかわらず、長期的な視点で若者の生きた経験を研究したものは少ないことを認めなくてはならない。それは統計調査でも同様であり、人口全般に対する研究が特にこの世代をみまう不平等を明らかにしているのに対して、〔移民の子孫の〕大人になる経路はほとんど研究されてこなかった。C・アヴネルの研究〔C. Avenel, 2006: 211〕は、「これらの若者の自律、すなわち『個』として振る舞うことが現行の規範として機能する社会において、自己であることへのあこがれとされるものが、どのように形成されるのか」を理解しようとし、かれらの自律に関してはじめて問題提起をしたひとつである。このアプローチは、フランス社会への家族の定着と、そしてそのことが文化変容と「アイデンティティのブリコラージュ」から想定するもの、すなわち「伝統」と「近代」が移民家族とフランス家族を対立させるのではなく、それらを横断するものであること、を認めることになる。自律することは親の出身文化を捨てることを意味しない。このプロセスは各々にとって、自分の状況（家族や学校、友人、職業など）しだいで、そしてライフイベントに応じて変わるような、特異な構築物なのである。経路の分析は、個人的な特徴を超えて（男性か女性か、仕事を持っているか否かなど）、マクロ社会の背景がどのような役割を果たすのかを示すことによって、それを明らかにする。なぜなら移民の子孫は、それぞれの国で同じように大人になる局面を乗り越えていないからである［C. Bolzman et E. Santelli, 2007］。このプロセスは、大人になる様式を構造化する制度枠組み［C. Van de Velde, 2008］や規範的な準拠世界の影響を受けている。

二重の準拠世界

男性がしばしば郊外の人物像（第二章を参照）を通して理解されるのに対して、女性は解放を通して理解されることを確認するのは興味深い。それは植民地時代に遡るもので、西洋の文化が服従関係にあるムスリム女性を解放するという表象を示している。N・ゲニフ＝スイラマ［N. Guénif-Souilamas, 2000］の研究は、どのように女性たちが「節度ある自由の職人［女性たちは家族からの解放を求めるが、家族との断絶を避けるために節度を持って、自分たちの自律を探求する］」となるのかを明らかにすることで、女性の解放条件の問題を提起する。M・ベルアジュド［M. Belhajd,

2006］の研究は同じことを論じている。節度ある、なぜなら、家族の分断やいくつかの価値の誹謗、男性のスティグマ化などその代償があまりにも高いときに、どのように娘たちが、自分たちに与えられる解放の命令に抵抗しているのかを、これらの研究者たちは明らかにしている。非常に伝統的であると判断される教育モデルから解放されるというよりもむしろ、彼女たちは段階的に友人の振る舞いを取り入れていく。なぜなら移民家族の娘は、同じ時代を生きる若者のアスピレーションを共有しているからである。彼女たちに対してなされるより強い教育上の制限のため（夜間の外出や恋人を紹介する見込み、彼が夜、家に寄ることができるかどうか、によって測られる）［L. Moguérou *et al.*, 2013］）、移民子孫の女性たちは交渉し、駆け引きの余地を手はずし、しばし親を失望させずに自分たちのアスピレーションに沿って生活するための策略を労する。彼女たちの学校での成功は一般的にこれらの交渉の原動力である［A. Zehraoui, 1996; N. Harrami, 2008］。

青年期に、女子は男子よりも、恋愛関係において大いに慎み深くなければならない。なぜなら、他の女子のように、移民の子孫の女子も恋愛をし、その恋愛は彼女たちにとっても、性生活に少しずつ入ることを意味するからである（この点についてはH・ラグランジュの著作［H. Lagrange, 1999］を参照。そこでは「恋愛の発明」が、現代西洋的セクシャリティの最もとっぴな側面の一つとして描かれている）。しかしながら、移民の子孫の女子たちが外出し、「恋人」と交際できるようになると、結婚まで「処女でいること」へのアスピレーションに特徴付けられるようになる。彼女たちが常にそうであることは意味しないが、処女はとても含みのある規範であることに変わりはない。われわれの調査では［B. Collet et E. Santelli, 2012a］、結婚まで処女であった（もしくは最初に関係を持った男性と結婚した）と言及した女性がほとんどであった。婚姻外で性的関係を持つことは、逸脱として生きられる行為であり続け、つよい罪悪感をかき立てる［同様にS. Tersigni, 2001; H. Flanquart, 2003; P. Eid, 2007］。この姿勢はマジョリティ集団と彼女たちを分けるものである。

移民の子孫の女子たちは他方で、マジョリティの女子に対して、しばしば両義的な態度を持ち続ける。とても自由放任で性的にとても解放されていると判断される振る舞いを批難しながらも、彼女たちに嫉妬しているのだ［N. Harrami, 2008］。このように、経験の度合いはジェンダーによって変わってくる。なぜなら女性は一般的にプラトニックな関係を越えないのに対して、男性は複数の性的経験を送り、さらにはマジョリティの女性との結婚生活を経験することが多い［B. Collet et E. Santelli, 2012a］。

これらの差異は、移民の子孫が、親が社会化されていない社会ではじめて暮らすという特殊性を持つことから説明される。親たちは反対に、一九六八年五月から続く社会運動に印付けられる時期にフランスにやって来ている（最も年長の者は、より大きな平等と自由の要求に特徴付けられるこの時代を経験している）。移民の子孫の親は、新しい国という背景のなかで、自分たちの経験とつながる準拠システムを作り上げる。かれらは、必然的に子どもたちに伝えられた文化的モデルや規範的世界を保持しているが、それはいかなる場合も一枚岩の方法ではなかった。なぜなら親の文化はそれ自身が時代とともに変わっていったからである。同時に、移民の子孫はフランス社会のなかで、フランス社会によって社会化されてもいる。かれらは人生の大部分を共有するすべての若者に共通の準拠世界を持ち、一連の実践やアスピレーションはこの社会化に影響されている。しかしながら、移民家族が保持するより少ない経済的・社会的資源や、家族が受ける特異な制約（住居の背景や差別）、またアイデンティティの標識であるだけになおさら強まるいくつかの規範や価値への愛着、それらが若者の自律獲得のプロセスを方向付けている。大人になる経験はこのように、階級や性的な帰属、民族・人種的不平等によって微妙に変化する［L. Moguérou et E. Santelli, 2013］。

大人の生活に入る様式としての実家を出ること

伝統的に五つの段階が大人としての生活に入るスケジュールとされてきた（学業を終える年齢、初めて仕事に就くとき、実家を出るとき、カップルになるとき、最初の子どもの誕生）［G. Mauger, 2015］。マジョリティでは、実家を出ることは移民の子孫よりもカップル形成を伴わない。親元を離れ、これらマジョリティの若者は、自己構築の段階において多様な経験を積み重ねるような移行期間を通る（この経験を積むモデルは、しかしまた社会的に位置付けられており、労働者の子どもはこのモデルがしばしば不在である［O. Galland, 1990; F. Battagliola *et al.*, 1997］）。マグレブ、トルコ、サブサハラ系移民の子どもにとっては、反対に一直線上の段階をたどる。安定雇用を獲得すると同時に結婚し、そのときに親の家を離れる。女性にとっては特に結婚によってカップルでの生活が認められる［B. Collet et E. Santelli, 2012a; Hamel *et al.*, 2011］。これは実家を出る古典的なモデルに呼応するものである。

二つの説明域がこれらの実践の差異を説明するために動員できるだろう。まず移民の子孫が直面する不安定さや経済的困難が自律へのアクセスを遅らせ、かれらが安定雇用を獲得していないので、親の家を出ることができない、ということを説明する（雇用や住宅へのアクセスで差別を受けているならばなおさらはじまりが遅れる）。二つめに、価値システムに合わせて行動しようとする意志（婚前の処女、同棲よりも結婚、性的解放への批判など）は大人の生活に入る異なった様式を説明する。多くのカップルが結婚生活に身を置くために、相対的な経済的自立を獲得するまで待つ。だが、マジョリティではカップルの生活をはじめることは最も多くの場合、同棲の形でなされるのに対し、移民の子孫は直接結婚することがより頻繁に観察される（後述）。カップル形成の構造的・文化的要因の影響を分析したA・ペレ［A. Pailhé, 2015］は、後者は女性にとってとりわけ強い影響を持つと結論づけている。

マジョリティの若者との比較は一連の段階の通過（学業の修了から第一子の出生の間）が、特にマグレブ系の男性にとって、より長い時間かかることを示している。反対にカップルの形成から第一子の出生までの時間はより短い［C. Hamel *et al.*, 2011］。さまざまな出身グループ間で観察されるこれらの差異に加えて、大人になることは性別によって違った様式で行われる。女性たちはより遅くに勉学を終えるが、男性よりも親の家を出てカップルを形成するのは早い。この差異化された経路は構造的制約（労働市場の状況、家族の経済的資源）と規範的制約（ひとりもしくはカップルで、結婚してもしくはせずに、親の家の外での自律した生活を獲得する）を明らかにする。マジョリティ・グループで一部の若者は自律した住宅を獲得するために親の経済的支援を受けることができる［O. Galland, 2000］。だが、経済的手段の欠如や庶民層でより意味のある実家を出るモデル、すなわち三つの自立の属性（雇用、住宅、カップル）を獲得してから若者は家族の家を離れるというモデルのため、移民家族では希なケースである。それは経済的に自立している状況でも一部の移民の子孫が結婚していなければ家族の家に住み続けることを説明する［E. Santelli, 2007］。

この検討は、カップルの形成という大人の生活に入る決定的な段階がどのように繰り広げられるのかを、より注意深くさせるものである。親の住居から出ることと密接につながっているこの段階は、ほかの若者よりも遅くなる。

カップルで暮らすことが少なく、実家を出ることが遅い

二〇〇八年、一八歳から三五歳の間で、半分をかろうじて上回るマグレブ系移民子孫がカップルを形成していた（同居しているかは問わない）。アジア系はそれよりも少し多いのに対して（トルコ系で五五％、東南アジア系で五八％）、サブサハラ系が最も少ない（四五％）。マジョリティではそ

表5　実家を離れる年齢（18歳から35歳の男女）（%）

	親の出生地	20歳以前	21-25歳	26歳以上	合計
男性	マグレブ	41	42	17	100
	サブサハラ・アフリカ	39	50	11	100
	トルコ	42	40	18	100
	東南アジア	52	30	18	100
	モデルグループ	56	38	6	100
女性	マグレブ	44	40	16	100
	サブサハラ・アフリカ	39	56	5	100
	トルコ	52	40	8	100
	東南アジア	62	31	7	100
	モデルグループ	62	34	4	100

出典：Enquête Trajectoires et Origines (Ined, Insee, 2008). 移民の子孫は、フランス生まれ、もしくは7歳以前に入国し、両親が移民である個人と定義した。

れは六七％に及ぶ。この年齢層で移民の子孫は安定的な恋愛関係を持つことが少ないが、かれらは平均年齢がより若くもある。

他方で、実家を出ることは、より遅い年齢でなされる。二〇歳以前にマジョリティでは五九％が親元を離れていた。東南アジア系のみが似通った割合である（五七％）。他の子孫はより少ない割合である（サブサハラ系が三九％、マグレブ系が四二％、トルコ系が四七％）。二五歳以上では、マジョリティでは九五％が親の家でもはや暮らしていないのに対して、移民の子孫ではそれぞれ八八％、九二％、八四％、八六％である。性別の分布では大きな差違は見られない。トルコ系の女性のみが二〇歳以前に親元を離れる割合が多少高い（五二％）。他の出身グループでは、女性は男性よりも二五歳を過ぎてから離れる割合が多少高いが、常にマジョリティよりは少ない。

これら二つの状況には明らかなつながりがある。移民の子孫はカップルであることが少ない。なぜなら多くの場合、親元で暮らしており、男性は女性よりもそうであることが多く、また年齢が若い方が年を重ねた人よりも明らかにそれにあてはまる。しかしながら、ＴｅＯ調査では親元を離れた際の婚姻状況を知ることができないため、慎重でなければならない。移民の子孫が長い間、親元におり、かれらがカップルを形成するとき、しばしば結婚していることのみが確認できる。それはマジョリティとは異なり、「性的な青年時代」、他の言い方では婚姻関係と切り離された性的経験の時期を経験しているものが少ないと考えさせるものである［M. Bozon, 2011］。結婚が、カップルでの生活がはじまる前もしくは同時に祝われるかどうかを観察することによって、結婚外で二人の生活を体験する段階の頻度がより少ないことの確認ができる。ＴｅＯ調査から、結婚が夫婦の同居の前もしくは同時期（つまり同じ月）に行われるのかを知ることができる。一八歳から三五歳の間で、マジョリティではこのケースは三％しかいなかったが、マグレブ系移民子孫では六四％に上った（他の出身グループでは人数が非常に少ない）。年齢の高い世代（三六歳から五〇歳）では、マジョリティの一九％が同居生活の開始よりも前もしくは同時に結婚しており、マグレブ系移民子孫では若い世代（一八歳から三五歳）よりもこのケースは少ない（五八％）。

過去に遡って考えると、この特殊性は青年期と結びついた経験を生きる二つの方法について明らかにしてくれる。マジョリティでは、青年期はしだいに高まる性的解放の、特に女性の側での、はっきりとした要求に特徴付けられる。「大半の女性が、最初の性的パートナーではない配偶者と結婚すること」〔L. Toulemon, 2008: 166〕が観察されはじめるのは、一九六〇年代末に生まれた女性の世代からである。移民家族では「性の自由化」はとがめられる。これが意味するのは、すべての女性がこの道徳秩序に従っていることではなく、彼女たちはこの規範に対してより強情となる家族環境と妥協しなければならないこと、である。この姿勢はより伝統的な価値、より正確には家族関係や性的関係の領域における価値の保持を意味する〔J. Streiff-Fenart, 2006〕。このより強い「道徳的保守主義」〔A. Muxel, 1988〕は住居のセグリゲーションと一対のものである。郊外の地区では、女性のセクシャリティに対するより強い管理（もしくは少なくとも管理の意志）が観察される〔I. Clair, 2008〕（第二章と第五章を参照）。

社会民族的な内婚

カップルを形成する年齢になると、マグレブ、サハラ、トルコ系の移民の子孫は、親が族内婚の規範が重んじられるのを願っていることを知る。すなわち帰属集団内で配偶者を選ぶということである。当初、同族での内婚は、家族もしくは村の集団内部で「子どもを結婚させる」ことであった。しかしだんだんと親はこの内婚の範囲を広げることを認めた。移住後の背景のなかで、この規範は「強い帰属えおめぐる争点」であり続けた〔G. Neyrand *et al.*, 2008〕。子どもの一部がその規範に同意するならば、他の者は反対し、マジョリティ集団の相手とカップルで暮らすことを選び、「混合カップル」と呼ばれるものを形成することを決める。家族の定住初期から観察されたこの状況は、しばしば家族内の対立を生み出し、ときには特に娘との根本的な断絶をもたらす。いくつもの研究がこの出来事や家族内での交渉方法について詳細に記述している［J. Streiff-Fenart, 1985, 1989; H. Sad Saoud, 1985; A. Hammouche, 1994; C. Autant, 1995］。これらの混合カップルは二つの理由から注意を引く。まず対立する二つの規範的世界に規制された家族の中での緊張を物語るからである（女性は家族の監視から解放されることを望んでいると考えられる）。他方でマジョリティのメンバーとの結婚は統合の指標だという表象が残っているからである。しかし混合結婚の割合は安定している。若い世代にとって、それは絶えず広がっていくのではなく、反対にむしろ最も若い人びと、特に女性の間では減少しているようだ［B. Collet et E. Santelli, 2012a: 82］。

族内婚の規範は、含みがあり続ける。マグレブ系移民子孫の間では五八％の夫婦が同じ出自同士で結婚している（他の出身グループは分析するには人数が非常に少ない）。後者ではアルジェリア系移民子孫が移住歴の長さから特殊性を示す。かれらは相対的にバランスの取れた方法で、四つの考えられる選択肢に分けられる（移民の子孫である配偶者を選ぶ、移民を選ぶ、マジョリティを選ぶ、他の状況）［B. Collet et E. Santelli, 2012b］。移民の子孫の間での族内婚の維持は、族内婚カップルが家族のまとまりを担保することから説明される。世代間の連鎖のはじめからおわりまで、同じ文化的価値システムを共有するという満足感を与えるのだ。

並行して、移民の子孫は結婚に関するマジョリティの価値を我がものにしている（愛、個人の成熟、地位の平等概念）。社会・文化的内婚の概念は、移民の子孫が、配偶者選択の民族ならびに社会的な次元の間で、すなわち同じ民族・文化的な基準の共有、共通のアスピレーションに結びついた社会的親近性、そして類似した生活様式もしくは学業レベルの間で、仲裁しようとするプロセスを記述できるようにさせる。内輪での結婚の類型化は、配偶者の選択が行われるときに作用するダイナミックスを通して、社会・民族的内婚の多様性を描き出している［B. Collet et E. Santelli, 2012a］。相続された内輪での結婚は親のモデルを永続させる。移民の子孫はそのため、親によって定められた規則をほとんど破ろうとはせず、結婚がアレンジされることに納得する。交渉された内輪での結婚は、移民の子孫は族内婚の規範を問題とはしないが、しかしこの規範を再解釈する。結婚関係を作り上げることはそのため、家族における規範や要求と、この規範枠組みのより個人主義的な解釈の間の総合の結果である。それは若者に友人と似たような振る舞いを取り入れることをできるようにさせるが（自由に出会い、一緒に暮らすことを決める前に愛し合い交際する）、しかし友人とは異なり、カップルになることは結婚と一緒にしかなされない。交渉された内輪での結婚の表現である「ハラールの結婚」は他の規範に従っているという背景のなかで、一種の証明を与える［B. Collet et E. Santelli, 2012c］。解放された内輪での結婚はというと、もはや族内婚の規範を尊重しない。それは共有された親近さや関心によって結びついたカップルである。一般的に異なる出自を持ち、他の社会的な近接性の形態に高い価値を与える。移民の子孫の配偶者の選択はこのように、欲求や個人的な親近性と、集団とのつながりやその価値の永続の間の複雑なゲームのなかで練り上げられる。

出生率に関して、家族と住宅調査（ELF, Insee, 2011）は移民である両親を持つ移民の子孫の女性たちは、平均的にマジョリティの女性よりも若干多くの子どもを持つことを教えてくれる。出生率の動向に関する指標は、移民の子孫の女性ひとりにつき二・〇二であり、マジョリティでは一・八六である。マグレブ出身女性ではその割合は二・〇六に上る［F. Domergue et A. Mainguené, 2015］。

移住は同様に「家族をする」方法も一変させる［M. Ségalen *et al.*, 2011］。フランスに着いたとき、親は多くの場合、自分たちの日常世界とかけ離れた生活様式に沿って生きなければならなくなる。核家族の生活様式を取り入れ、母親は家庭内の責任を一挙に引き受ける唯一の女性となる。公共空間における混合は真新しいもので、住宅は女性たちの安らぎを保護するという見方ではもはや考えられない。これらの家族はフランス語や現行の文化コードなどに慣れながら、編成し直す時間が必要となり、カップルはそれぞれの特権を交渉しなければならず、新しい道しるべを発展させなければならなかった。何人かの母親はそこで強い自律を獲得する機会を見出し、すぐに社会のなかで暮らすことができ、夫はこの展望に彼女たちを踏み切らせたり、この事実状態を認めたりした。そのとき、他の者は、その手段がなかったり、国外移動のつらさに閉じこもって生きていた。これらの世帯が状況に適応できた方法は、R・ホガート［R. Hoggart, 1957=1986］が「日常文化」と呼んだもの、すなわち親それぞれの性格や生活様式、アスピレーションなどとつながりある、それぞれの家庭内の世界に特有の方法を定義することに貢献する。このように文化、つまり付与の時期に社会から引き継いだものは、家族のこの日常文化とそれが生み出す情緒的、道徳的ダイナミックスの影響をこうむる。移民家族によって「もたらされた」文化（歴史や国家、宗教、道徳的・象徴的世界とつながったもの）を越えて、家族はこの要素のため、それぞれが異なっている。あらゆる文化のように、日常文化はその周囲の人びとと相互作用する、影響されやすいものである。さらにフランスに着いたばかりの移民家族で育つのと、三〇年以上前から定住している家族で育つのは、経路に不意に現れ、家族を変化させようとするさまざまな出来事のため、同じ生活条件を与えない。

準拠世界の対立

子どもの結婚に対する親の姿勢は、年を重ねるごとに家族に生じた変化を観察するための恵まれた領域である。それは時間の影響（例えば、親は「お見合い結婚」の実践を諦める）だけでなく、社会化のさまざまな機関の役割をも明らかにする。まず家族は受け継がれると同時に、移住によっても変化を受けた一連の価値を伝える。一度学校に通い始めれば、子どもは他の価値体系にぶつかる（例えば家族関係のより平等で民主的な概念）。それは必ずしも家庭内の世界で伝えられた価値と両立しないことを意味しない。親の一部は社会から伝えられたこの価値体系を評価するか、すでにそれに適応している。大半の移民の子孫はしかしながら、二つの価値システムの間で引き裂かれているという感情を抱きながら成長したことを記憶している。この感情は主に親密空間に関わっている（セクシャリティに関するテーマ、何らかのタブーを築き上げる親に対して与えられるべき敬意、男女間や世代間のコミュニケーション）。この家庭教育はまた、居住環境の直接的な影響下にあり、それは家族の価値世界を再活性化させるか、それと衝突する。そのため隣人の構成は本質的な側面である。社会的、民族的に不均質な周囲の人びととは、他のグループのなかに身を投じたり、その他の、一般的にはマジョリティの価値や文化的実践の世界と衝突したりする可能性の指標である。しかし親はいくつかの交友関係を許可することも禁止することもできるので、それはつねに十分ではない。学校では反対に、新しい空間がかれらに提供され、近所づきあいとは異なる若者との関係性が結ばれることもある。それは新しい準拠世界を作りだすことに寄与する。かれらはそのため、新しい準拠集団が提供する「予期的社会化」［R.K. Merton, 1997=1961］を享受する。

差異はしばしば、物質的な状況（移民の子孫はしばしば大家族出身で、過密住宅に住んでおり、子どもたちが複数人で部屋を共有している。それに対してクラスメイトは、四人家族の世帯で同じサイズの家に住んでいる）と、家庭内の生活を組織化する一連の価値観のため（娘は朝教室に行く前に掃除をする、自分の部屋と兄弟の部屋を片付ける、弟妹に対して母親の補佐をする、ガレットを作る、昼食の準備を始めるなど）、重要である。そこではまた、移住後の年数や家族の日常文化から、この生活様式が多かれ少なかれ存続していたことを説明できる。

だんだんと子どもは、フランス語を家庭内の世界に入れたり、他の消費様式を広めたり、新しい実践（男女間のより大きな平等、スポーツ活動への参加など）を促したりすることで、新しい家族の秩序を推進させる。日常生活を共有し、思春期の生活、「自立なき自律」［O. Galland, 1984, éd. 2009: 62］によって特徴付けられるこの時代を一緒に発見する友人によるものと同じように、学校の影響はこれに関して決定的である。親はそれに慣れてもいないし、準備もできていなかった。当初、かれらはこれらの新しい振る舞いが持ち込まれることに抵抗していた。なぜなら家族の帰国が計画されており、子どもは自分たちの出身国に慣れることができるようにならなければならなかったからである。次に時が経つにつれ、最終的に生活がフランスで営まれ、また社会化のプロセスは単一方向ではないため、親の姿勢は変化し、この変化がこれらの家族内部に生じる根本的な変化を説明する。だが世代間でとても多くの緊張や対立がなかったわけではなく、ときには不理解がそれぞれに残り続けた。

家族成員間で、もしくは外部と作用している家族のダイナミックスは、M・セガラン［M. Ségalen, 1981］が家族の「抵抗と適応の二重の支配力」と描写したものを明らかにする。なぜなら親が妥協を見出さなければならないなら、自分たちが守ろうとする価値に関しては厳格さを示さなければならない。子どものアイデンティティ構築に関わることであり、移住後の背景のなかでこの姿勢は、自分たちの特性を永続させる意志（肯定的）と、マイノリティとして存在するための必要性の結果（反応的）である。だが同時に、かれらが子どもを育てる方法は、自分たち自身の社会化を明らかにするものだからでもある。例えば宗教に関しては、親は社会生活のあらゆる空間に宗教が浸透している国から来ている。それは移民の子孫が、宗教の実践が全国平均よりも明らかに含みのある家庭で育ったことを説明する。六九％から八〇％のトルコ系とアフリカ系（マグレブは七一％）の移民の子孫が、自分たちの受けた教育において宗教が（ある程度もしくは非常に）重要であったと表明しており、マジョリティでは二二％であった。東南アジア移民子孫は三八％と中間的な位置である（source: enquête TeO, Ined, Insee, 2008）。

衰退する家父長モデル、より保守的な家庭内のモラル

C・カミエリ［C. Camilleri, 1992］によって行われた観察の総括は、一九七〇年代から一九八〇年代以降、マグレブ系家族モデルの家父長的特徴の弱まりが見られることを指摘している。フランスモデルへのある種の同調があるのだろう。「集合的規範や名誉システムに基づく、規定された地位役割の基本構造が、ことさら自分を際立たせるアスピレーションや表象の多様性に開かれる」［C. Camilleri, 1992: 134］。このように「摩擦による社会化」［F. de Singly, 2000］が起きている。学校や周囲の人びと、隣人や同僚を通して表される要求の影響下で、新しい振る舞いが生じる。ごく僅かではあるが、しかしだんだんと父親の特権を侵食する変化が姿を現し、親は自分たちの

子どもの個人的な経験を考慮しなければならなくなる。より強い個人化への動きが進行中である。N・エリアス〔N. Elias, 1987=2014〕によって描かれたプロセスにならうと、これらの家族において「われわれ」から「わたし」への移行が観察される。それは対話や個人的なアスピレーション、快適さや現在の物質的幸福という考えがより広く許容されることによって具現化される（まなざしはもはや、出身国や離れた集団、つまり将来的に再びそこに住まうという展望に一連の実践を導くような結果をもたらしたものに向けられるのではない）。

成功するよう励まされるが、同時により管理される娘たち

もうひとつの主要な変化は娘たちが勉強を続け、就労生活をするために与えられる自由に関係する。当初、娘たちはこの権利を獲得するために親と対立しなければならなかったが、だんだんとそれは自明なことになった。それどころか、C・デルクロワが「世代の対角線」〔C. Delcroix, 2014〕と名付けたように、息子に対する期待の娘への移動がなされた。娘の学校での成功や家族に救いの手を差し伸べる能力に対して、親はまず彼女たちを頼る傾向にある。今日、息子と娘に向けた同等の学校に対するアスピレーションが確認されている（男子にまだより教育投資するトルコ系家族は例外である）〔L. Moguérou et E. Santelli, 2015〕。四五歳以上の女性世代はまったく違った状況を経験している。親が娘に対する学校へのアスピレーションを持っていたとしても、後者は学校での成功と妻の役割を身につける準備という矛盾した命令に従っていた〔E. Santelli, 2001〕。

この女子に対する解放的な姿勢は特に母親から発せられる。娘たちは母親がなおも到達できていないことを実現するのだ。だが父親は同時に必要不可欠な支援者でもあった。しかしながら、家庭内労働の割当ては明らかに性別によって異なっていた。娘はあらゆる家事や弟妹の世話に関して母親を助け続けていた。この教育上の非対称性は、世代間で全く変わっていない（家事に割かれる時間がおそらく軽減されたとしても）。それは当然の結果として、家に娘が長くおり、その外出が制限されることになる。彼女たちは同様に、親のさまざまな手続きに付き添い（行政、学校、医者など）、家族の運命を背負う（親が高齢になったとき、弟妹に対するより多くの仕事を引き受け、病気や障がいを持った父親の書類に関わる）。より強い圧力が、道徳的にも家事に関わることでも、彼女たちに否定しようもなく働いている。

さらに親の価値観が優先される分野も残っている。混合結婚は批難され、禁止され続けており、婚前の性的行動も同様である。より広くは、外出と交際は親の注視のもとにおかれ、恋愛や性的関係に関するタブーは続いている［L. Moguérou *et al.*, 2013］。親は今日、子どもに配偶者を選択させ、ある程度は関係を試させる。このように結婚が規範に応えていることを確かめるために親が結婚をアレンジする段階から、「良い選択」をするために子どもに期待する状況へと移行している（結婚の規範にかなった人物と恋に落とさせる）［B. Collet et E. Santelli, 2012a］（第四章参照）。強制結婚は、今日、移民の子孫の間ではとても希である。それは衝突に直面し、親と娘の規範レジームを一致させることができないが故、親が娘に結婚を課すという状況の極端な事例である。いずれにせよこれは説明のひとつである〔E. Santelli et B. Collet, 2008〕。

たいていの場合、親と子どもは交渉にいたる。そしてJ・ストレイフ＝フナール〔J. Streiff-Fenart, 2006: 863〕は、一般的により伝統的だと描かれるトルコ系も含まれる移民の子孫がもつ、「『伝統』と『近代』に属する行為と弁明の域を〔共存させるために〕〔……〕多かれ少なかれ矛盾した価値観を組み合わせる」能力を強調した研究〔C. Autant-Dorier, 2004〕を想起する。結局、J・ストレイフ＝フナール〔J. Streiff-Fenart, 2006〕は、行動規範を定義する価値システムが安定的で一義的な総体というよりも、どのように世代間の妥協を築き、再解釈の場を与える土台のようなものとして課されているのかを明らかにしている。このように処女を守ることは家族集団の名誉の担保としてときに考えられ、または将来の配偶者に対するロマンチックな少女の個人的な選択として再解釈することもできる〔H. Flanquart, 2003: 145〕。こうして婚前の処女の実践を正当化するために文化的差異を主張する前の世代とは反対に、今日、移民の子孫の娘はイスラームがアイデンティティの標識となった背景で宗教の〔価値体系の〕帳簿を動員するか〔P. Eid, 2007〕、自分になされる社会的管理を、現代社会のロマンチックな価値と一致するひとつの価値として再解釈する。

多様な価値の帳簿を組み合わせる個人の能力に加えて、性的な素行に対して表される保守的な家庭内のモラルが維持されていることも指摘される。女性の性的解放に関する態度、同性愛、身体との関係は、移民やその子どもたちをマジョリティと異ならせるテーマであり続ける（「新しいフランス人」の価値に関する調査での収斂した結果［S. Brouart et V. Tiberj, 2005］）。これらの著者は、アフリカやトルコ出身者の、特に女性の振る舞いに対する「性的寛容の少なさ」に言及するとき、回答者の世代と性による差異に注意を払わなければならないことを強調している。一八歳から二四歳の若い世代では女性がより自由な、自分たちの世代のものと同一の展望を取り入れているのに対して、一八歳から二四歳の世代と四二歳以上の世代の男性の比較は、若い世代でもっとも保守的な男性が見られることを明らかにしている［S. Brouart et V. Tiberj, 89-90: 2005］。男性のこのより保守的なモデルへの同調は、これまで分析してきたアイデンティティのセクシズムの状況に帰せられる（第二章参照）。「女子が自律し自由になればなるほど、男子は、父親など前の世代の男性が持っていた、献身的な女性に全面的に頼ることができるという資源を失うと、とりとめもなく感じる」［C. Delcroix, 2004: 53］。そのため、かれらはいくつかの特権を失う懸念を抱き、〔女性に対して〕より密な管理を施すことで、立場を保持しようとする。よって、この進展は単に受け継いだ文化システムに依拠してのみ解釈することはできない。さもなければ、女性のように男性も、時間が経つにつれて類似した回答を与え続けるだろう。それはまた社会との相互作用によるのである。作用する変化は、集団と個人、マイノリティとマジョリティの間で見出されるべきバランスにつねに依存し続けている［C. Camilleri, 1992: 143］。J・ストレイフ＝フナールは他方で、なぜ「移民、さらにはその子どもによって表される価値が、移住の状況自体に」、特にセグリゲーションと差別によって引き起こされる状況の影響に「由来することを考慮に入れずには理解できない」［J. Streiff-Fenart, 2006: 859］のかを明らかにしている。

文化的中核？

この検証は「文化的中核」の概念を相対化させる。D・シュナペール［D. Schnapper, 1991］は幼少期から伝えられる規範や行為のシステムを示して、家族の文化的価値の維持をこのように名付けた。最も幼いときから組み入れられることで、それは出身集団の価値や実践への強い愛着を説明する。ベビーブーム世代〔戦後の高度経済成長期に生まれた世代で、六〇年代からのウーマンリブ運動などを経験している〕で確認された変化と比較することは、それを理解することを助けるだろう。後者は、女子の就学期間の著しい延長を経験し、家族に新しい規範を課した最初の世代であり、学校の大衆化と夫婦生活の変化の間に結ばれうるつながりを証言した［C. Bonvalet *et al.*, 2011］。移民の子孫の女子の学校での強い成功のため、類似したプロセスが移民家族の中でも生じている。学校教育の延長は、ジェンダー関係を混乱させ、カップルの生活様式を修正させ、親密性の変化［A. Giddens, 1992=1995］と新しい規範の登場にいたらせる〔カップルはもはや、地位ではなく関係に基づく、平等で個人の成熟に価値をおくロジックで機能する〕。そのため、いくつかの道徳的保守主義が残存するにもかかわらず、「文化的中核」の不可逆的な特徴をそこから結論づけることはできない。

作動するダイナミックスは二つの傾向を明らかにしている。一方で、家族生活の変動のもとにある、ベビーブーム世代から確認される変化への同調がある［J.-H. Déchaux, 2007; M. Ségalen et A. Martial, 2013］。他方で、再イスラーム化の動きや住居のセグリゲーションとのつながりでのジェンダー関係の強化がある（第二章、第六章参照）。それは女性になされる管理を再び強め、彼女たちに性的規範を課す結果を生む［H. Lagrange, 1999, 最終章］。二つの傾向は対立するものではなく、後者は反対に前者への反応として発展した。それらは解放と服従のプロセスの相互作用を示すもので、かれらが直面する制約と動員できる資源の見地から、作用する社会的ダイナミックスと移民の子孫が社会的経路を構築する方法を反映している。これらの社会的なダイナミックスは同様に、移民の子孫が均質なグループを構成していないことを確かめさせる。かれらは生活条件や「第二世代」のさまざまな世代に異なって関わる変化の影響下で多くの点において分化している。きょうだいの年齢が一〇歳以上離れていたり、娘と息子がいる場合、それは同じ家族の間でも見いだせる（例えばきょうだい間での異なる経路として、C・デルクロワ［C. Delcroix, 2001］のヌール一家の研究やA・サイヤード［A. Sayad, 1979b］の研究が参考になる）。

西アフリカや中国系移民の子孫に関して、近年の研究は親子関係に対して、（民族）心理学的なケアの実践から関心を持ち、「あべこべになった家族の義務」から生じる影響を明らかにしている。子どもが社会生活の多くの分野で親を助けなければならない事実［S. Wang, 2004］もしくは「出自」の記憶が作り上げられる方法とそのアイデンティティ構築への影響［L.

Belkacem, 2013］など、これらの研究はトルコ系移民子孫に関するものと同様に［V. Irtis-Dabbag, 2003］、かれらの実践がトランスナショナルな枠組みに入れられていることを強調する。

トランスナショナルな実践

アングロサクソンの研究では、フランスよりも昔から、移民家族が出身国とのつながりを維持すると同時に、それぞれの受入国に統合されている事実を考慮に入れてきた。フランスでは統合のパラダイムが、トランスナショナリズムと対置させられてきた（コラム⑦参照）。しかしTeO調査は、もっとも免状を獲得した人びと、そのため労働市場への統合がもっとも有利に見込まれる人びとが、同様にもっともトランスナショナルであること［C. Beauchemin *et al.*, 2015］、すなわち親の出身国の政治生活への関心を示し、個人的に連絡を取り続け、投資や経済的な協力をしたりしていることを確かめさせる。

トランスナショナリズムのパラダイムは一般的に、第一世代という移住した人びとを論じるために動員されており、かれらの子どもは対象ではなかった。P・レヴィットとM・C・ウォーターズ［P. Levitt et M. C. Waters, 2002］の『第二世代のトランスナショナルな生活』から、変化が指摘される。かれらの研究は、移民の子孫もまたトランスナショナルな実践に関わり、特異な方法でそれを発展させていることを示した。かれらが親とは違ったふうに、異なる頻度で行動するからだけではなく、何よりもかれらがトランスナショナルな背景で成長したからである。子ども時代から移民の子孫は、ここそあそこ〔受入国と出身国〕の人や物、経験、ノウハウと相互作用し、またそれらの影響を受けている。自分たちの番になり、かれらは国境を越えた関係性を築き上げ、二つの要素からなる概念とは異なる新しい基準を作り、新しい実践を企てることを可能にさせる多種多様な準拠を作り上げるようになる。出身国の親戚に少なくとも一年間、子どもを「預ける（confiage）」［A. Grysole et C. Beauchemin, 2013］、「故郷でのバカンス」［J. Bidet, 2010; E. Marlière, 2006］、親の出身国で企業を設立する動機［E. Santelli, 2010］、もしくは親の出身国で配偶者と出会うこと［C. Autant, 1995; C. Therrien et J. Le Gall, 2013; B. Collet et E. Santelli, 2013］を通して、その概観を見ることができる。

ＴｅＯ調査は娘たちが兄弟と同じレベルでトランスナショナルな社会参加をしていることを見出させるが、しかしまた特にサブサハラ系移民子孫の間で、差別を感じることとトランスナショナルな実践の間のつながりが確認されている［C. Beauchemin *et al.*, 2015: 111］。しかしながら、これらの著者が指摘するように、トランスナショナリズムはフランスへの帰属感情と相容れないわけではない。Ｅｌｆｅ（幼年時代以降のフランス横断的研究、Étude longitudinale française depuis l'enfance, Inserm, Ined）は、フランスで二〇一一年に生まれた一万八〇〇〇人の子どもを追跡調査しているが、いずれは移民の子どもや孫の経路、またかれらのトランスナショナルな実践の位置付けの分析を可能にさせるだろう。

アイデンティティの準拠の多様で動的な特徴は、これらの研究と不可分であり、世代から世代へと伝わるこうした家族の経路の構成要素のひとつである。次章では、社会の観点から帰属の問題を問う。自らをフランス人だと考える移民の子孫の実践とはどのようなものなのだろうか。

コラム⑦

トランスナショナリズムのパラダイム

これは出身国とのつながりを統合のブレーキと考える傾向にある同化主義的な見解と袂を分かつものである。このパラダイムは、反対に出身国と維持される関係や、それが受入国での実践に影響する方法を明らかにする。このようにトランスナショナリズムに費やされた研究は、受入国や出身国など多様な準拠を持つ可能性や、国境を越えて築き上げられる関係性を強調する。このアプローチはどのようにアクターがナショナルな規範やロジックを乗り越えるのか、もしくはどのようにそれを再解釈し、そのため制度化されたロジックとは異なる実践（例えば、フランス国家がその者に一つの国籍しか認めていないのに、個人が複数のパスポートを持ち、そのため国家間の移動が容易になる）を行うのかを捉えることを可能にさせる。

トランスナショナリズムは一九九〇年代初頭に、L・バッシュら［L. Basch *et al.*, 1994: 6（フランス語翻訳版）］によって、「移民が、日常的な実践を通して、多様な方法で、自分たちの出身国と受入国をひとつに結ぶ、社会、経済、政治的関係を構築、維持し、その関係性を通して国境を越えたトランスナショナルな社会空間を作るプロセス」として定義された。それ以降、多くのアメリカの社会学者がその普及に貢献した［N. Glick-Schiller *et al.*, 1995; A. Portes et L. Guarnizo, 1999］。

移民による口伝えのことづけ［A. Sayad, 1985b］からデジタルな相互作用の様式へと［M. Nedelcu, 2010］、移民は常に出身国とのつながりを維持してきた。このように移民のトランスナショナリズムは新しいものでないが［J. Le Gall, 2005; R. Waldinger, 2006］、それは二つの主要な変化の影響により著しく増加している。つまり移民に他の経済的参入を追い求めさせるような賃金の不安定さと、コミュニケーションや交通手段の状態である［A. Portes, 1999］。さらに新しい技術の普及が、移民家族の間でのやり取りの様式を変え、それはトランスナショナルな関係の中身さえも変えることができた。このように世界の「グローバリゼーション」は著しくこの現象を増幅させた。

多くの分野がトランスナショナルな現象に関係しているとすれば、注意は新たに私的空間に向けられる。例えば、K・チャーズリー［K. Charsley, 2012］の結婚に関する研究がある。近年、移民家族のトランスナショナルな実践に関する研究の数は非常に多くなっている。

経済トランスナショナリズム（一般的に男性が考えられる）の登場を分析した後、だんだんと研究はジェンダーの側面を取り入れ、トランスナショナルな側面を持つ一連の実践への考察を発展させている。そこでもまたフランス社会学は、アメリカ社会学の動向を追って、この研究分野を最近になって発展させた。近年では『ヨーロッパ国際移民誌（*Revue européenne des migrations internationales*）』［2008, 2012］の二つの号で誌面全体を使ってこのパラダイムの特集が組まれた。

アイデンティティの問題は移民の子孫の統合の問題と相伴っている。アイデンティティを問うことは、かれらがフランス社会と保つ関係、さらにはフランス社会がかれらに与えるまなざしを問うことになる（この種の指摘を要約すると、かれらはフランス人といいながら、スポーツイベントなどで自分たちの（親の）出身国の旗をふることはできるのか？　他の言い方をすると、ここ とあそこに同時に存在でき、「二重のアイデンティティ」を主張することができるのか）。この問題に関する学術研究は数え切れないほどあり、その同化主義的な傾向、すなわち移民の子孫が他の国民とは異なるべきではないということを暗に意味する傾向を強調している。政策に関しては、この期待がそれぞれの危機の状況で思い起こされ、何人かは移民の子孫のフランス人性、つまり「市民の共同体」に参加する正当性を必ず問題にする［P. Weil, 2008］。R・ウォールディンガー［R. Waldinger, 2006］は、なぜ出身国との（偽りの）つながりのために、忠誠心のありうる対立に関して疑いが漂っているのかを示した。これらの議論や論争は「国民アイデンティティ」が脅かされるやいなや生じ、国籍剥奪や退去強制をめぐるポピュリスト的な提案を引き起こす。

今日、移民の子孫の若者は（三五歳以下）、大半が「フランスで生まれ、成人時にフランスに居住している者に国籍を自動的に付与するメカニズム」のためフランス人である［A. Escafré-Dublet et P. Simon, 2014: 248］。それはかれらの九五％以上に関係する（マグレブ系は七二％が出生時からフランス人であり、二二％が後に国籍を取得した）。一九八〇年代、状況はまったく別であった。どのように「移民の若者」が国籍を持っていない国の市民になることができるのか、ということが問題にされた。帰国計画やフランス人になるために果たさなければならない手続きのため、移民の子孫の年長者は若い世代よりも一八歳時点でフランス国籍を取得することが少なかった。いずれにせよ、かれらの一部はさまざまな形態の政治やアソシエーションへの参加を通して、豊富で多様な市民的参加を経験していた［D. Lapeyronnie, 1987; *Horizons maghrébins*, 1993; V. Geisser, 1997; C. Wihtol de Wenden et R. Leveau, 2001］。

政治――関心と参加

政治への関心が世代を通して弱くなっていないようであれば、反対に参加の形態は変化に富んでいる。一七歳から二九歳のマグレブ系の若者をサンプルに実施した最初の統計調査で、A・ミュグゼル［A. Muxel, 1988］は似通った年齢と学歴で、移民の子孫はマジョリティよりも、際立った政治への関心と関与の度合い、また左派政党への政治的傾向を見せることを指摘した。二〇年後、S・ブルアールとV・ティベルジュ［S. Brouard et V. Tiberj, 2007］は、アフリカ系（マグレブ含む）とトルコ系の移民の子孫の間で、左派政党がもっとも強く根づいていることを確認している。この政治的立場は、外国人嫌いの偏見や差別的な実践の経験を共有する「共同体のメンバー間で結ばれた運命」という感情によって説明できる。それはアフリカ系アメリカ人の最も裕福な層が、階級のメンバーよりも共同体のメンバーだと感じ続けることと同じ態度である［S. Brouard et V. Tiberj, 2007］。移民の子孫（二〇〇八年に一八歳から三五歳）に関するA・ジャルダン［A. Jardin, 2013］の分析は、かれらの政治的関心はマジョリティよりも高いことを確認している（「マジョリティと」同じ四三％というスコアを示すトルコ系を除き、マグレブとサブサハラ系はそれぞれ五三％と五一％が政治に関心を持っていると表明している）。左派政党への立場についても同様である（マジョリティは四九％であるのに対して、サブサハラ系移民子孫は八三％、マグレブ系は七七％、トルコ系は六九％）。

政治の実践ついて（選挙人名簿への登録、選挙への参加）、マグレブ、サブサハラ、トルコ系移民は反対にマジョリティと異なる。かれらは選挙人名簿に登録したと表明することが少なく（七八％から八三％、マジョリティは八七％）、そして、二〇〇七年の大統領選や、二〇〇八年の市町村議会選挙において投票した者も少ない（八二％から八八％、マジョリティは九二％）。最も割合が低いのは、トルコ系移民の子孫である。政治生活に参加する傾向が最も弱いのは免状がないか、調査時にまだ学校に通っているか、不安定雇用の若者である。これらの結果は移民の子孫の劣った政治化という仮説を再考させ、その参加の低さは政治問題への関心の欠如のみによって説明できないことを明らかにさせるにいたる［A. Jardin, 2013: 185-188］。

V・ティベルジュとP・シモン［V. Tiberj et P. Simon, 2015］の分析も、アソシエーションへの参加において同様に表明される政治への強い関心を確認している。「少なくともひとつのアソシエーション」に加盟する割合が、マジョリティ（三六％）よりもマグレブ・アジア系移民子孫の間では少ないのに対し、サブサハラ系では同等の割合である（三四％）。後者は同様に連帯や相互扶助、宗教、文化、地区のアソシエーションへ強くコミットメントすることに特徴付けられる。

これらの結果は居住地によって相対化すべきである。庶民層における戦意喪失の原因を問うたC・ブラコニエとJ‐Y・ドルマジャン［C. Braconnier et J.-Y. Dormagen, cité par A. Jardin, 2013: 179］によれば、政治参加から身を退くロジックはもっともマージナル化されたシテで観察される。脆弱都市区域では、選挙人名簿への未登録と選挙の棄権率がより高い（Ｒａｐｆｉの調査では四分の一）。二〇〇五年の暴動は移民の子孫の市民的参加の条件に関する議論を再び提起し、多くの論文が潜在的な民族分裂の影響［C. Braconnier et J.-Y. Dormagen, 2010］もしくは大衆地区の若者の政治との関係を説明する民族カテゴリー化の影響［C. Hamidi, 2010］について問うた。現場では、いくつものアソシエーションが、高い不安定性が大規模な棄権に大きく影響を持つために、選挙参加を促すための活動を発展させた。「郊外の第一時代」（第二章参照）と比較すると、移民の子孫の政治参加様式に対する問いから、かれらの政治的代表の様式の問題へと移行している（第三時代）[M. Kokoreff et D. Lapeyronnie, 2013]。しかしながらそれは、「居住地」の効果よりも、周辺で貧困化したこれらの空間における住民の社会学的特徴の組み合わせの効果である [A. Jardin, 2014]。

二〇〇〇年代初頭、「多様なフランス」を代表する議員の登場を促すため、「ヴィジブル・マイノリティ」が論じられはじめた。政治の分野でそれは、政治的代表を社会的現実に近づけるために政党が求めた、異なった民族出自を持つ議員を示す。フランス政治システムにおけるマグレブ系エリートの形成を分析した最初の研究はV・ゲセールのものである [V. Geisser, 1997]。彼は、いくつかの地区や自治体で選挙結果をひっくり返させうる「ブール」（コラム①を参照）の共同体票を信じることでフランス政治システムが作り出したエスニシティを明らかにしている。

二〇〇五年の暴動は、政治のポストへのアクセス条件の現状に関する議論を再び引き起こした。なぜなら一方で、「多様性の議員」は人口と比べてほとんどそれを代表しておらず [V. Tiberj et L. Michon, 2013]、他方で、まさに左派が都市周辺部の郊外に根を下ろしていたことからなおさら「驚くべきこと」であるが、かれらの不在も同然の状態は、かれらの排除の政治的理由を問題とするものであったからである（左派とシテの守られなかった約束の理由を理解するためには、このテーマに関するO・マスクレ [O. Masclet, 2003] の分析を参照のこと）。この検証はマイノリティ化された人びとの代表や平等の様式の問題を繰り返させるものである [M. Avanza, 2010]。

J・L・ホックシールドとJ・H・モランコフ〔J. L. Hochschild et J. H. Mollenkopf, 2009〕が編集した共著の結論を喚起し、E・ファッサン〔E. Fassin, 2010: 659〕は、ヨーロッパでなされるある種の区別や差別のため、第二世代の政治的同化はアメリカよりも難しく、遅く、完全ではないことがわかると説明している。V・ティベルジュとL・ミション〔V. Tiberj et L. Michon, 2013〕はといえば、フランスがそれを成し遂げられないならば、それはとても弱い民族的代表によることを明らかにしている。投票へのアクセスを有するだけでは十分でなく、人びとはさらに代表されなければならない。だがその上で、〔非宗教性《ライシテ》の問題から〕個人をムスリムアイデンティティに帰するといった、宗教の分野における民族的な多様性を解釈することは避けなければならない。

生きられたが、承認されないフランス人性

一九九三年、外国人の親からフランスで生まれた若者による成人時のフランス国籍自動取得を、「意思の表明」の手続きに置き換えるための法律が可決された。「それは国籍を希望する者による国家への帰属感情をより強固にし、フランス国籍が『国民共同体への帰属のしるし』と見られるようにするものであった」〔E. Ribert, 2006: 237〕。しかし、この政治的決定は、思い描いた結果をもたらさなかった。なぜならE・リベールが明らかにしたように、国籍はアイデンティティのプロセス全体をカバーしていないからである。「国家への帰属はしばしば若者のアイデンティティ

ティの一側面しかなしていない」[E. Ribert, 2006: 239]。かれらのアイデンティティはその外国出自からも構成されており、かれらは親の出身国の国籍を保持するか、その国と自分たちを結びつけるつながりによってそこに愛着を持つ（家族のつながり、子ども時代の思い出など）。このようにA・エスカフレ＝デュブレとP・シモン［A. Escafré-Dublet et P. Simon, 2014: 252］がまとめているように、「［国民感情と外国出自の］関係は競合よりも連関するものである」。そしてひとりのアイデンティティを国籍だけに限定できると信じることは間違いであろう。

TeO調査は国籍と帰属意識のつながりの問題を掘り下げ、これら二つの次元が出身グループに応じてどのように連動しているのかを見ることができるようにしている。移民の子孫はしばしばフランス人であり（平均九三％）、フランスが自分たちの家だと感じていると答える（平均九四％）。しかしマグレブ、サブサハラ、トルコ系の子孫は、他のグループよりもフランス人と感じていることが少なく（トルコ系の七六％からアルジェリア系の九〇％）、東南アジア系の子孫だけがより高い割合であった［P. Simon et V. Tiberj, 2015a: 546］。フランスが自分の家であると感じているここに関しては、サブサハラ系の子孫が最も低いスコアを記録しており（八五％）、マグレブ系とトルコ系はこのケースでは九三％であった。さらに東南アジア系は異なっており、かれらの九七％がフランスを自分の家であると感じていた。

TeO調査の質問票には対になる問いが含まれており、移民の子孫に自分たちがアルジェリア人、トルコ人、セネガル人、ヴェトナム人と感じるかを質問していた（親の出身国を参照して質問される)。平均で六〇%が肯定的に応えているが、しかし差異はそこでも出身グループごとに重要である。マグレブ系子孫では三分の二がこの提案に同意している。サブサハラ系は七四%、トルコ系は八一%であり、東南アジア系子孫のみが平均よりも低い(五九%)。P・シモンとV・ティベルジュ[P. Simon et V. Tiberj, 2015a]によれば、これらの回答は、共同体的な閉じこもりを表しているのではなく、かれらをフランス人と考えることに苦労する社会の現れなのである。なぜなら差異は、ZUSや移民が過度に集中する地区に住んでいたり、また/もしくは差別の対象となればなるほど顕著になるからである。これらの著者は、他者化のプロセスが同様に第二世代の個人にとって重要であり、そのなかでもマグレブやトルコよりもサブサハラ出身者により高くなることを明らかにしている。「他者性が可視的であることは個性化を強め、基準通りの『フランス人』の表象とのずれを生み出す。フランス人とはなによりも『白人』である」[A. Escafré-Dublet et P. Simon, 2014: 254]。この表象は肌の色だけでなく、身体的特徴、姓名、またたんだんと宗教のしるしに基づくようになっている。このようにフランス人と感じられないことは、「他者」が自分たちをフランス人と感じていないという感情を移民の子孫が持ち、平等に扱われない経験をすればするほど含みを持つ。そこでは相互作用論の仕事によって明らかにされたアイデンティティ構築の原理がある。「われわれ」に属することは、そこに属することができると指名されることを必要とする。S・アウイシとR・ガルー[S. Aouici et R. Gallou, 2013: 179]の分析は、フランス人とまったく感じながらも、アフリカ人と指定されたアイデンティティを生きるサブサハラ系移民子孫にとってのこの感情を確認している。

親の出身国への帰属感情とのつながりから、一部の移民の子孫は重国籍を維持している。しかし、この実践は出身グループによって強く異なっている。マグレブ系の子孫はもっともこの実践を行う傾向があり（四二％）、トルコ系（三九％）がそれに次ぐ。反対にサブサハラ系（一〇％）、さらには東南アジア系（二％）はほとんどそれに関係していない。

帰属の多数性に関する政治的ないらだちは、社会の概念を国民国家の領土に限定する方法論的ナショナリズムとしてしだいに告発されてきたものに属している［U. Beck et N. Sznaider, 2010］。移民の子孫のトランスナショナルな実践（第五章参照）は、この概念の廃れた特徴を例証する。これらの実践は、経済交換のグローバル化であれ、インターネットの発展であれ、進行中の再配置を明らかにするものとして現れるのである。アイデンティティの多様性はこのもうひとつの側面であり、そのためにかれらのアイデンティティのフランスの側面が、アイデンティティの他の側面と結びつくことは何ら驚くべきことではない。若者のコーホートに実施された調査で［E. Santelli, 2007: 262］、フランス人、ムスリム、マグレバンという三つのアイデンティティの軸が見られた。大半がフランス人に属するが、ほぼつねに宗教や文化、出自などのような他のアイデンティティの構成要素と結びついている。かれらの九四％がフランス国籍であるが、五％以下がフランス人としてのみ自らを定義している。

アイデンティティは相互作用の中で練り上げられるプロセスであるため、社会生活がわれわれめいめいにアイデンティティを付与する。しかしかれらの経験から、移民の子孫はフランス人としてのみ自己定義できない。なぜならかれらはそのように認識されてもなければ、マジョリティに属すると考えられてもいない、と感じているからである。そこには政治の上層部によるものも含まれる。ところが帰属意識は自分たちに向けられるまなざしも経ている。それは身分証明書の問題だけでなく、歴史を通して、日常生活の相互作用のさいに、社会化の経験のなかなどで感じられなければならない。そうでないとき、移民の子孫が他のアイデンティティの準拠を探すことは驚くべきことではない。この感情が郊外で育った若者の間で強く高まるならば、それはより広く共有されているようで、なぜますます多くの移民の子孫の若者がフランス人とムスリムとして自己定義をするのかを説明する。

宗教、自己主張の方法

マグレブ、サブサハラ、トルコ系の一八歳から五〇歳の移民の子孫は同じ宗教的つながりをとても広く共有している。かれらの八二％から八八％が父親の宗教がイスラームであると答えている［H. Lagrange, 2014: 207］。この宗教は今日、フランス第二の宗教であるが、かれらの宗教との関係はどのように構築されるのだろうか。一九八〇年代まで、社会学の研究は移民の子孫の間での宗教性の喪失に言及し、時がたつにつれ、かれらの行動はマジョリティに同調すると想像させ、それを何よりも文化的遺産であると考えてきた（無信仰者の重要な割合、いくつかの規定に限定された実践）。だが、近年、イスラームの実践に関する議論が多様化している（スカーフの着用、「その他のこれ見よがしなしるし」、ジハードへの訴えなど）。

宗教は「外国人の恐怖」を維持するために新しく振りかざされる旗印となった。宗教実践に関する研究はしかし、イスラームとの関係は私的であり、宗教とのつながりはなによりも家族の紐帯や文化的な遺産を保つ方法であることを強調している。このように信者もしくは実践者として自ら明言する移民の子孫の大半は、私的空間で、非宗教的な一社会の枠内で宗教を実践しようとする。それは宗教の実践が共和主義の枠組みで展開されているという考えである［J. Césari, 1998］。「自らの宗教を生きる」方法は多様であろうし、「ムスリムとして承認される」要求はより執拗なものとなり、宗教的な帰属は国民共同体への帰属意識と組み合わされる。市民であることを主張する方法と「アイデンティティのブリコラージュ」の接合に基づくN・ヴネルの類型化［N.Venel, 2004］は、それを立証する。四つめのタイプを除いて（ムスリムであることがその他の帰属を無効化する「ネオ共同体的」）、ほかの三つのタイプ（「実践フランス人」「折り合いを付ける者」「契約者」）は、宗教と維持された関係はその重要な要素でありつつも、市民的関与を構造化するような主観的な見解の動機を明らかにする。スポーツの実践による違犯に対して、若者女性はその正当化に宗教を動員する。家族の価値観を回避する戦略がとれるよう、宗教はいくつかの調整を可能たらしめる［C. Parmantier, 2015］。

二〇年来、われわれは実際、二重の傾向に立ち会っている。世俗化の否定できない動きと並行して、移民の子孫の過激化の現象が発展している。この宗教性の高まりが一般的な傾向とは逆であるだけ、指摘しておくことが必要な現象である。もっとも実践者であると自任するのは、もっとも若い人びとと男性である（複数の統計調査から明らかになった結果［S. Brouard et V. Tiberj, 2005; C. Dargent, 2010; H. Lagrange, 2014; P. Simon et V. Tiberj, 2015b］）。免状のレベルや不安定さの度合いとは無関係に、アフリカ（マグレブ含む）とトルコ系の三五歳以下の若者のなかに、ムスリムとしてもっとも自己表明し、少なくとも月に一度は礼拝に参加し、宗教の規範（食事に関する禁止事項やスカーフの着用）を尊重し、宗教に重要性を与える人びとが見られる。

G・フリゴリ［G. Frigoli, 2014: 195］が思い出させたように、「『アイデンティティのイスラーム』の発展はだからといって、大多数の著者が支持する、宗教との関係の個人化という説と矛盾しない」。それはF・コスロカヴァール［F. Khosrokhavar, 1997］が示したように若い世代に関するものも含まれる。H・ラグランジュ［H. Lagrange, 2014］にとっては、社会的脆弱性と同義の個人的特徴ではなく、若者が育つ背景によって、宗教性の高まりが説明できる。社会化の時期はそのためもっとも重要であり、二つの側面を分ける必要がある。まず強い民族的なセグリゲーションに特徴付けられる地区における、よりはっきりとした宗教性という背景があり、次に家族がイスラーム復興の後に出身国を離れたという事実がある。この分析には地政学的背景を考慮に入れることができるという利点がある。第二世代の年長者によって宗教に与えられる重要性が低いことは、宗教的実践に特徴付けられることが少ない家族の背景から説明できる。なぜなら後者は出身国で発展した原理主義的イスラームとの関わりが少ないからである。しかしそれだけでなく、イスラームをアイデンティティの準拠として捉えなければならないような争点が少ないからでもある。

このように一九八〇年代の移民の子孫の世代と比較すると、変化が表面化する。G・ケペル［G. Kepel, 1987］の著作は、宗教的土台を持つ動員の登場とその宣教活動を主張した先駆的作品のひとつであり、B・エティエンヌ［B. Étienne, 1987］とともに、過激化のリスクを強調した（第二章の神へ通じる道〔ディン〕に関する節を参照）。C・ダルジャン［C. Dargent, 2010: 228］は、この転換の持つ二重の影響を強調した。直接的にそれはフランスにおけるムスリムの影響を増加させ、間接的には、この宗教への帰属を正当化させる。N・ヴネル［N. Venel, 2004］の分析は、どのような理由で、宗教が一種の自尊心の回復方法になる傾向があるのかを明らかにしている。N・カクポ［N. Kakpo, 2007］の調査は同様にそれを立証した。それは観察された助けを求める形式のひとつであった。彼女の分析はそのさまざまな面を描き出している。目に見える文化順応主義の裏で、若者の宗教的実践は、分化したイスラームとの関係を覆い隠す。女子にとって、例えばスカーフを被ることは自律の探求に含まれることもあり、家族の秩序への忠誠の担保でもありうる。

移民の子孫の新しい世代はしだいに、イスラームの実践が私的空間に限定されなければならないという信念を保ちつつも、公的空間での自分たちの宗教の承認を期待する（豚肉を食べないときやアルコールを飲まないときに、自らを正当化しなくてもよい、アイードの祭りのために休暇を取ることができる、単純にスティグマとして経験することなく自らをムスリムだと表明できる）。そこには明らかな変化がある。新しい世代は、精神的な実存の探求のために（マジョリティでも観察できるように、だんだんと不安定さに従う世界で意味を与える）、そして／もしくはそれがアイデンティティ構築の性質を持つために、イスラームを標榜できることを望む。しかし二〇〇一年九月一一日後の地政学的背景のなかで、ムスリムであることは、だんだんと辛辣で、同じように耐えがたい社会的追放にかれらを晒すことになる。もっとも脆弱な人びとは、この分野でも同様に失格になったと感じる。より強い宗教性を郊外の生活条件の悪化からのみ説明することが間違えであるならば、それはイスラームの実践が日常生活を組織化し、新しい準拠を与える背景のなかで、社会において居場所を見つけられないという確信から生じるフラストレーションの感情に基づいているのだろう。

さらに、これらの若い世代はますます多文化でグローバル化する世界のなかで成長している。そこでは準拠やアイデンティティ、実践がだんだんと複数性のなかで認識され、しだいに正当なものと見なされる。この背景において、かれらのケースでは宗教の主張という手段で表現されている増大する承認の要求を、どうして驚くことができるだろうか。この期待はしかしながら、真正なイスラームへの訴え、他の言い方をすればムスリムである「善い方法」を原理主義的な道徳のなかに見ようとする現在の傾向とは区別されなければならない。近年、このイスラームの実践は、新しい規範的な展望として現れる段階まで発展している。若い世代の宗教性は、原理主義的イスラームの主張が新しい地政学的な情勢の中心にあるという背景に位置付けられることも忘れてはならない。

結 論――移民の子孫の経路という新しい研究アプローチ

平等と反人種差別のための行進から三〇年、それを突き動かした要求とアスピレーションは、いまだ今日的な意義を持ち続ける。社会生活のあらゆる空間（学校、雇用、司法、警察、住宅、余暇など）で、移民の子孫はマジョリティと同じ条件で暮らしてはいない。著書『経路と出自』［C. Beauchemin *et al.*, 2015］の結論は、ヨーロッパ系移民の子孫が生きることとは比べものにならないほどの、ヴィジブル・マイノリティの子孫に対する出自に結びついたペナルティを示している。家族の定住から数十年、かれらはフランス社会の構成要素としてはいまだに認められていないようだ。問われているのは、「民族出自」である。しかし「村生まれ《ブレダール》（ブレッド（bled）はアラビア語で出身国・村を示す。ブレダール（blédard）はそこから来た人びと、特に北アフリカ系移民を示す）」という一九九〇年代以降にフランスに来た移民の若者は、同じ出自を共有しておらず、その経路が収斂することはない。マイノリティと移民という二種類のロジックを通して、二つの集団は他者性の経験を受ける［C. Schiff, 2015］。これら二つの個人の集団それぞれが特有の方法で「外国人と見なされる」〔C. Cossée *et al.*, 2004〕ならば、その比較はかれらの経路が分化している事実を明らかにする。なぜなら、移民の子孫はフランス社会で育っており、社会化のプロセスはそこで繰り広げられているからである。

時間にのみ訴えること、つまり時とともに状況が改善するだろうと考えることはできず、これらの移民の子孫はすべての生活をフランスで過ごしており、さらにかれらの前には同じ出自の異なる世代の子孫がいる。これらの人びとに対して表されうる人種主義と、かれらが生活する背景がより確実に、なぜかれらの社会的状況が他の人びとと異なり続けるのかを説明する。なぜなら、主意主義的政策がなく、すなわち差別や都市のセグリゲーションへの闘いに効果ある政策がないため、不平等の維持、さらにはその増大、また社会的結束に影響を及ぼしうるものが確認されるリスクが大いにある。このような理由で、移民の子孫の研究は、一般的な社会学のなかに組み込まれる。そこでは、社会的不平等を理解するために、ジェンダーや階級、「人種」、世代の関係を考察しなければならず、別の言い方をすれば、個人的な統合能力を問うよりもむしろ、かれらの統合を可能にする社会的条件を把握するために、社会的現実の交差性《インターセクショナリティ》のアプローチをとる必要がある。移民の子孫の経路の分析は、統合概念の元来の意味に回帰させる（どの程度、社会は各個人に場所を見つけさせるのか。社会の結束を可能にさせる社会的条件とはどのようなものか）。

一方で、不平等と闘うための制度的な措置や政治的決定は必要であるが、他方で、それらが移民の子孫とその家族に向けられたまなざしの変化を伴うほどより有益となろう。言説のなかでかれらをスティグマ化する政治家と同様に、一般市民もそれに関係している。政治学院《シアンス・ポ》の政策研究センターのためにイプソス（Ｉｐｓｏｓ）〔マーケティング・リサーチ会社〕によって、二〇一五年一一月二〇日から二九日に選挙に関する調査が行われた。その一環として一八歳以上の二万三〇六一人に対して実施された調査は、回答者の五〇％のみが、フランスで生まれた移民の子どもが他者と同じようにフランス人であると考えていた。政治的な言動が、このまなざしを変えるために取られるべきであろう。この新しい姿勢は、移民の子孫のフランス社会への帰属感情の重要性を認識させるだろう。なぜなら、直面する困難にもかかわらず、かれらはこの社会の「産物」であり、一部の人びとはその帰属を要求するからである。一方で、移民の子孫以外は、自分たちの経路のどこかでそれを〔要求せずとも〕意識することができる。

　このまなざしの変化は同様に、フランス社会の多文化的、民族的特徴を認めさせる。先の移民とは異なり、これらの移民の子孫は今や、ポストコロニアルな歴史とグローバル化の影響に由来する。かれらの親は、国民が白人でなくキリスト教徒でもない非西洋国家の出身である。われわれは、統合の同化主義的展望がもはや通用しないだろうことを理解するために、この社会の変化、すなわち複数のアイデンティティの表現へと向けられる世界において、移民の流れがより多様化していることを認めなければならない。このように、どの程度、移民の子孫がフランス社会で地位を占めているのか、なぜかれらの家族や移住の歴史を、われわれの国家の物語に組み入れなければならないのかが理解できるだろう。

親の移住の歴史と関連し、移民の子孫は多様で不均質である。出身集団の差異に加えて、より大きな注意はそれらの内部、要するに個人の経路に向けられなければならないだろう。逆説的に、移民の子孫の研究は「時間」に弱い注意しか向けてこなかった。これは行為の時期ではなく、そこから〔社会〕移動や資源をとらえられるような時間的なダイナミックスのそれを示す。どのように、どの世代間の継承から、それらは練り上げられ、形成されるのか。この個人を中心とするミクロ社会学的アプローチは、構造的与件と接合されなければならない。すなわち教育改革や学校の背景、エスニックなセグリゲーションの影響、経済の変化、不安定性の悪化など、要するに社会的な階層化の分析（マクロ社会学的レベル）と、である。

経路の分析は、ミクロレベルとマクロレベルのこの接合を可能にする。なぜならば、個人的な経路は背景や時期、環境のなかで形成されると同時に、それらによって行為の可能性が決まるからである［E. Santelli, 2004］。経路によるアプローチは同じく、これまでおざなりにされてきたが、しかし決定的であると思われる側面を移民の子孫の分析に組み入れるという利点がある。それはとりわけ、特に青年時代における周囲の人びとや居住環境[6]、またトランスナショナルな実践や宗教的な帰属の問題である。一方でマジョリティとの、他方で帰属集団（地区のレベル、親の出身国とのつながり、市民の共同体など）との相互作用がどのように構築されるのか。そして社会で承認され、そこで地位を得ているという感情、もしくはそこから排除されているという感情を与えることで、結局、これらの相互作用がアイデンティティ構築のプロセスにどのように貢献するのか。社会生活の諸側面は、これらを明らかにするという共通点をもつ。二〇一五年一一月一三日のテロリズムの直後、本書の結論はそれが極めて重要な見地であると考えさせるだろう。

6　この側面は、その決定的な特徴のために幾度も言及してきたが、アングロサクソン圏の研究では、それを統合様式〔編入様式〕の説明要因と考え、紹介されてきたことを明確にしておこう。

訳者解題

本書は、Emmanuelle Santelli, *Les descendants d'immigrés*, La Découverte, 2016. の全訳である。原題は『移民の子孫たち』であるが、ここでは内容を考慮して『現代フランスにおける移民の子孫たち――都市・社会統合・アイデンティティの社会学』とした。原書はラ・デクベルト社のルペール・シリーズから刊行されている新書サイズの本で、大学生や大学院修士課程の学生、また一般の人びとなど幅広い読者への入門書である。移民の子孫の経路について、二〇〇八年から二〇〇九年に行われた「経路と出自」調査の結果を主に用いながら、移民研究を専門としない読者にもわかりやすく社会学的に書かれている。

著者、エマニュエル・サンテリは現在、フランス国立科学研究センターの研究主任で、リヨン第二大学附属のマックス・ウェーバー研究所所員の女性社会学者である。また国立人口学研究所の「国際移民とマイノリティ」研究チームにも客員研究員として参加している。一九九二年にリヨン第二大学で博士の学位を取得し、二〇一四年にエクス・マルセイユ大学で研究指導資格

（HDR, Habilitation à diriger des recherches）を取得している。

彼女は著書や論文などを精力的に出版しており、紙幅の関係上すべてを載せることはできないので、ここでは彼女の主著のみを紹介したい。

（1）*Mobilité sociale dans l'immigration. Itinéraires de réussite des enfants d'origine algérienne*, 2001（『移民における社会移動——アルジェリア系の子どもの成功経路』）

（2）*Grandir en banlieue*, 2001（『郊外で育つ』）

（3）*Couples d'ici, parents d'ailleurs*, avec Beate Collet, 2012（『この国のカップル、異国の親』、ベアト・コレとの共著）

サンテリは二〇年以上にわたってマグレブ系移民子孫の研究を進めてきた。特に本書でまとめられているとおり、移民の子孫の職業参入や社会移動、大人の生活に入ることやカップル形成、経済活動、アイデンティティなど社会生活のさまざまな側面から、かれらの経路を社会学的に明らかにしようとしてきた。これまでアルジェリア系移民の子どもの社会的上昇移動の経路（1）や郊外の若者の経路（2）に関する研究を行っており、近年ではロール・モゲルーやベアト・コレとともに、「経路と出自」調査の結果を活用して、移民とその子孫に対して家族社会学の観点からアプローチしている（3）。現在は人口全般のカップルの問題に関心を持ちカップル形成や夫婦間の愛情、セクシャリティなどに関する研究を行っている。

彼女は一貫して、質的調査と量的調査を組み合わせる手法を用いて研究を行っている。「白人」の女性社会学者であるため、郊外の調査などでは苦労を重ねたようで、そもそも郊外で調査をすること自体がひとつの大きな困難であるのに加えて、本書でも触れられているような郊外における強いジェンダー規範のため、女性の調査者と男性の被調査者という関係性はとりわけ特異なものだったようだ。結婚しているのか、子どもを育てるために仕事を辞めようと思わないのか、夫は遅くに帰ることを許してくれるのかといった質問を幾度となくされ、さらには服装や髪型についての注意を受けたこともあったそうだ。これらの経験を再帰的に解釈しなければステレオタイプを強化しかねないと、サンテリは調査ではなるべく自分の主観を差し挟まないよう努め、また調査結果をセクシズムという観点から分析しないことを選択したとのことである。それは客観的な研究を心掛ける彼女の姿勢から来るものであるが、同時にセクシズムと人種主義の錯綜を解明しなければならないという問題意識も持っており、社会学的に移民の子孫の置かれた状況や経験を分析すること、それが彼女なりのアンガージュマンであるともいえるだろう（« Une enquêtrice en banlieue: S'exposer à la précarité et aux rapports sociaux sexués », J.-P. Payet, *et al.* eds., *La relation d'enquête: La sociologie au défi des acteurs faibles*. PUR, 2010, pp.57-71）。本書は概説書として統計データや先行研究に依拠して書かれているが、その前提にはこのような著者自身の質的調査の経験があり、それが本書の記述をより説得的なものにしている。

本書は初学者向けにわかりやすく書かれているため、ここで再度内容をまとめる必要はないだろう。だがフランス人読者を対象としていることから、フランス特有の背景については若干の解説が必要かと思われる。なお移民の子孫の教育問題については別の場所でもまとめているので、そちらも参照されたい（村上一基〔二〇一八〕「移民第2世代の教育問題――「成熟」した移民社会において多様化する学校経験とアイデンティティ」園山大祐編『フランスの社会階層と進路選択』勁草書房、一九一―一九九頁、二〇一八）。

＊＊＊

本書で扱われる移民の子孫の問題は、戦後の移民の歴史と切り離して考えることはできない。フランスの労働移民受入の歴史は一九世紀からのイタリア、ベルギー、ポルトガルをはじめとするヨーロッパ諸国出身移民に遡る。しかし、移民問題として今日語られるのは戦後に移住したマグレブ諸国（アルジェリア・モロッコ・チュニジア）や西アフリカ（セネガル・マリなど）を中心とした旧植民地からの移民である。本書で扱われる移民の子孫も多くが、これらの子孫である。移民は戦後の国土復興や「輝ける三〇年」と呼ばれる高度経済成長期における重要な労働力として受け入れられてきた。この時期の移民のほとんどは男性で、かれらは単身でフランスにやって来て炭鉱や自動車工場、建設現場などで労働者として働いた。だが、一九七〇年代の石油危機による経済不況のため、労働移民の受入は停止され、その代わりに帰国奨励政策が一九七六年に開始された。しかし、ここで帰国した多くはヨーロッパ出身の移民で、旧植民地出身の移民は、一度帰国すると二度と戻ってくることはできないと考え、自分たちの家族を呼び寄せ（家族再結合は人権のひとつとして認められている）、フランスに定住した。この経済不況期の旧植民地出身移民の定住化によって、移民の子孫のフランス社会への統合がだんだんと社会の重要な課題のひとつをなすようになった。

マグレブ系移民子孫がフランスの社会的・政治的舞台に登場するのは一九八〇年代からである。一九八三年の「平等と反人種差別のための行進（ブールの行進）」は特にメディアなどで多く取り上げられ、社会におけるかれらの存在を「気づかせる」ことになった。ブールの行進からすでに三五年以上が経つが、今日でも移民の子孫の統合は重要な社会問題であり続けている。労働者としてやって来た移民は工場などで単純労働に従事し、フランス社会側はかれらはいつか帰国するものだと考えていた。そのため、労働効率を高めるために工場に祈祷所を設けるなどの企業側からの支援がときには見られ、かれらの文化が問題にされることはほとんどなかった。それに対して、マグレブ系やサブサハラ系移民の子孫は、フランスで生まれ、国籍を取得し、社会化の過程を経験しており、フランス社会の一員となるはずであった。しかし、差別や偏見などに直面するなど、社会統合の困難を抱え、さらに第一世代とは異なり、イスラームをはじめとするかれらの文化は「異文化」として問題視され、アイデンティティの正当性が問われることもしばしばあり、言わば「二級市民」の扱いを受けてきた。

これらの移民の子孫の問題に対してフランス社会学は、誰をその対象とするのか、どのように「移民出自」という要因を分析するのかという課題に直面してきた。この背景には、フランスの移民統合モデルを特徴付ける普遍主義の原則がある。フランス共和国は、「単一不可分の共和国」という共和主義の原則のもと、社会の構成員を普遍的・抽象的個人として等しく扱おうとする。このモデルでは市民はその出自にかかわらず法の下で平等に権利が認められる一方で、公的空間ではその文化的・宗教的な相違は考慮されない。すなわちフランスでは市民と国家の直接的な関係が重視され、いかなる中間集団の存在も公的には認められず、個別特殊な文化、とりわけマイノリティの文化が承認されることもない。そしてマイノリティが固まって行動したり、権利を主張することは「共同体主義（communautarisme）」として批判されてきた。

そのため「単一不可分の共和国」では、フランス人のなかには、アルジェリア系フランス人やモロッコ系フランス人などの下位カテゴリーは存在しないと考えられており、公的な場でその出自を問うことも、自ら表明することも禁じられてきた。エスニック統計も長い間行われてこず、その導入をめぐっては激しい論争が繰り広げられてきた（コラム②を参照）。移民の子孫は、出生地主義の原則からフランスで生まれると成人時に自動的に国籍を取得できるため、統計的には不可視の存在となり、かれらを客観的に把握することができなかったのだ。このフランス特有の背景のなかで、一九九二年の「地理的移動と社会的編入」調査、そして二〇〇八年の「経路と出自」調査はそれぞれ大きな転換点をなした。本書はこうした統計データの発展のおかげで書かれたのであり、移民の子孫とは実はフランスにおける「新しい」研究領域なのである。第五章や第六章が比較的短いことからもわかるように、親の出身国とのつながりやかれらの宗教、エスニック・アイデンティティなどに関する考察はフランスではまだ発展途上ともいえる。なお本書以外にもこのテーマに関連する研究書は増えており、例えば、二〇一二年にM・サフィが同じくルペール・シリーズから『民族・人種的不平等』（M. Safi, *Les inégalités ethno-raciales*, 2013）を、O・マスクレがアルマン・コラン社の128シリーズというこちらも初学者向けの入門書として『多様性と差別の社会学』（O. Masclet, *Sociologie de la diversité et des discriminations*, 2012）を出版している。

日本においても、フランスの移民や移民第二世代の問題に多くの関心が寄せられてきた。そのなかでもっとも紹介されてきたのは一九八〇年代からの「スカーフ論争」であろう。それは、公立学校でムスリムの女子生徒がスカーフを着用することが、フランスの政教分離《ライシテ》の原則に反するのではないか、スカーフとは男性による女性に対する支配の象徴なのではないかという論争であり、二〇〇四年には「公立学校におけるこれみよがしな宗教シンボルの着用禁止法（通称「スカーフ禁止法」）」が制定された。また二〇一五年一月の風刺画新聞社襲撃事件以降は、若者のイスラーム過激化やホームグロウン・テロリストと呼ばれる人びとのジハードへの参加が大きな注目を浴びている。しかし、本書ではスカーフ問題やテロリズムへの言及はほとんどなされていない。本書の目的はむしろ、こうした議論・論争に対して、かれらの経路を社会学的に分析することで、そのイメージに還元できない、多様な生き様を描き出そうとするものなのである。

サンテリは、移民の子孫の経路を分析することによって、かれらの個人的な経験だけでなく、かれらが人生を送る社会的背景や時期、環境、そしてそれによって制約される当事者の行為の可能性を考慮に入れようとしている。かれらの経路は、フランス社会の産業構造の変化、教育の大衆化と高学歴化、ライフスタイルやジェンダー関係の変化を抜きに考えることはできない。特に移民の子孫がフランス社会に登場した一九七〇年代から八〇年代は、脱産業化によって産業構造の転換が生じ、第三次産業（サービス業）の比重が高まり、さらに大量失業や非正規契約の増加という社会的排除が重要な問題となった時期と重なる。そのため、フランス社会全体の変動とのつながりも重要な視点としてあり、本書で指摘されるように移民の子孫の社会学は社会学全般との対話のなかで発展していくものである。

こうしたなか、翻訳に苦労した言葉が **classe populaire** である。今回は「庶民階級」と訳したが、他にも民衆階級、大衆階級、さらには労働者階級という訳語を当てることもできる。P・ブルデューの著書にも登場している概念であるが、この言葉は実際、「現代の労働者階級」の婉曲表現とも言えるもので、フランスでは政治家や知識人、メディア、またアーティストなどをはじめ広く用いられている。具体的には、「労働者（ouvrier）」と事務職やサービス業などにあたる「一般従業員（employé）」などを併せた勤労階級を意味し、上流階級と中産階級の下に位置付けられる、現代フランス社会の階級構造のなかでもっともつましい、被支配階級を示している。

社会学の研究に目を向けると、庶民階級は今日、再び注目が集まっている概念のひとつである。フランス社会学の重要な関心に社会的不平等を明らかにすることがあり、労働者階級の研究も戦後、発展を遂げてきた。だが産業構造の転換により、一九八〇年代以降、労働者は減少し、労働者階級の終焉、さらにはフランス社会の中産階級化、生活様式の均質化が論じられ、労働者階級という概念の理論的な有用性が問われるようになった。このなかで、一九九〇年代以降、社会学でも労働者階級に代わって庶民階級の概念が用いられることが増えると同時に、その妥当性が議論されはじめた。O・シュバルツの「庶民階級を語ることはできるのか」(O. Shwartz, « Peut-on parler des classes populaires ? », *La vie des idées*, 2013)を皮切りに、例えば『庶民階級の社会学』(P. Alonzo et C. Hugrée, *Sociologie des classes populaire*, Armand Colin, 2010)、『現代の庶民階級の社会学』(Y. Siblot *et als*. *Sociologie des classes populaires contemporaines*, Armand Colin, 2015)、『庶民階級を探し求めて』(S. Béroud *et als*., *En quête des classes populaires*, La dispute, 2016)、『ディスタンクションの変容——今日のフランスにおける文化的不平等』(P. Coulangeon, *Les métamorphoses de la distinction. Inégalités culturelles dans la France d'aujourd'hui*, Grasset, 2011)などが出版されている。限られた紙幅でこれらの議論を総括することはできないが、現代社会においても社会的不平等は残っており、庶民階級は現代の被支配集団、サバルタン集団なのではないか、かれらは中産階級や上流階級とは異なる文化や生活様式を持ち、独自の文化を共有しているのか、そしてかつての労働者階級に見られた階級闘争などの政治的な動員や集合行為の主体となるのか、といった問いが議論されている。

この語の使用についてはいくつかの問題があることも事実である。とりわけ、内部の差異や対立を考慮に入れることなく、同質的な集団を構築してしまうことへの批判などがある。事実、一般従業員の大半は、自分たちが庶民階級に属しているとは考えておらず、中産階級への帰属意識を持っているものも多い。さらにジェンダーやエスニシティ、人種、学歴、居住地などに結びついた分裂や対立もある。現代の庶民階級を特徴づけるのはむしろこうした内部の多様性であり、それを論じる社会学者の多くは、階級だけではなく、さまざまな側面に注意を向け、支配関係における その交差性《インターセクショナリティ》を明らかにしようとしており、それは本書の関心にもつながる。

なお地区（quartier）に、**populaire** という形容詞がついた場合には「大衆地区」という訳語をあてた。「大衆」という言葉を社会学で使用する場合、大衆《マス》という近代社会における組織化されていない大勢の人びと、無数の個人の「かたまり」を想起させるため、違和感をもたれる読者もいるかもしれない。だが、ここでは社会学的な大衆《マス》ではなく、庶民とほぼ同義に使っており、ニュアンスの問題から訳語を変えた。だが、**quartier populaire** とは厳密な意味での「庶民階級の地区」ではないことには注意が必要である。庶民階級の対象となる層は幅広く、その大半が大衆地区ではなく、中産階級をはじめ他の階級カテゴリーの人びとと暮らしている。また大衆地区の住民は庶民階級の中でもよりつましい人びとで構成されており、社会的に均質であると同時に、かつての労働者階級のような独自の連帯や生活様式などを編み出すケースもある。人びとはそこでの生活を部分的にでも肯定的に捉えるために **populaire** という表現を用いるなど、**quartier populaire** は独特の含みを持つ言葉でもあるのだ。

＊＊＊

この翻訳の企画を監修者の園山大祐さんからいただいたのは二〇一八年一月末であった。ルペール・シリーズの日本語訳を出版したいというアイデアは以前からお聞きしていたが、今回は出版までのスケジュールが非常にタイトであったこともあり即答はできなかった。だが日本におけるフランス研究や移民研究のさらなる発展に貢献したいという思いから、翻訳を引き受けることにした。

フランス研究、特にフランスの移民やマイノリティの研究を行う日本人社会学者は多く、他の地域をフィールドにする研究者からしばしば驚かれるほどである。またM・ヴィヴィオルカ、R・カステル、G・ケペル、F・コスコカヴァール、F・デュベ、J・ドンズロ、G・ノワリエル、S・ポーガム、L・ボルタンスキーなどフランスを代表する社会学者らの翻訳書が次々と出版され、広く紹介されてきた。だがその一方で近年、フランスに限らず諸外国の事例に興味を持つ学生は減っており、フランスをフィールドにする大学院生や若手研究者も減少傾向にある。さらにフランス社会や移民・移民第二世代の問題に関心を持つ学生がいたとしても、適切な入門書や概説書がなく、研究をはじめるきっかけとなる本がほとんどなかった。このような現状から、私はフランス研究がますます先細りしてしまうのではないか、という問題意識と危機感を抱いている。今回、翻訳の話をいただいたとき、本書はフランス社会、さらにより広く移民研究に関心を持つ学部学生や大学院生にとってひとつの「手がかり・基準《ルペール》」になると確信し、この機会を逃すべきではないと考え、翻訳を引き受けるに至った。

二〇一八年一二月、本翻訳作業が佳境のさなか、安倍政権は外国人労働者受入のために「出入国管理法」を十分な審議が尽くされたとは言えないまま、改正した。外国人受入の是非が活発に議論される一方で、すでに日本には在日韓国・朝鮮人や日系人、「ハーフ」など外国にルーツを持つ人びとが暮らしており、その子孫はすでに社会に出て活躍している。ヨーロッパ社会の経験は、日本の今後を予測するためだけに用いられるべきではなく、すでに日本社会の一員となっている「移民の子孫」「マイノリティの子孫」の社会での地位を考察するための手がかりでもあることを忘れてはならない。日本における外国人労働者（移民）受入が本格化しようとしているなか、本書が大学の世界を越えて広く読まれ、日本社会を考える一助になることもまた強く願っている。

翻訳にあたっては、多くの方々からご協力いただいた。監修者の園山大祐さんには訳稿をチェックいただき、訳語をはじめ困ったことや悩んだことに逐一相談に乗っていただくなど、終始お世話になった。上野貴彦さん（一橋大学大学院社会学研究科博士後期課程）、武田佳那子さん（フランス社会科学高等研究院博士課程）、田平修さん（大阪大学大学院人間科学研究科博士後期課程）、藤浪海さん（日本学術振興会特別研究員）には訳稿に目を通してもらい、数々の貴重なご指摘をいただいた。お忙しい時間を割いて、ご協力いただいたことに深く感謝申し上げる。

著者には翻訳に関わる細かな質問に、丁寧に答えていただき、また日本語版の序文を執筆いただいた。心よりお礼を申し上げたい。

最後に明石書店編集部の神野斉、矢端泰典両氏には出版事情が厳しいなか、本書出版を引き受けていただき、感謝している。本書の刊行は大阪大学未来共生イノベーター博士課程プログラムの助成金を受けている。記して謝意を表したい。

二〇一九年一月二〇日

村上　一基

dossiers d'éducation et formation, n° 67, Ministère de l'Education nationale.

Van de Velde C. (2008), *Devenir adulte. Sociologie comparée de la jeunesse en Europe*, Paris, PUF, coll. « Le lien social ».

Van Zanten A. (2001), *L'école de la périphérie. Scolarité et ségrégation en banlieue*, Paris, PUF, coll. « Le lien social ».

Venel N. (2004), *Musulmans et citoyens*, Paris, PUF-Le Monde.

Wacquant L. (2006), *Parias urbains. Ghetto, banlieues, État,* Paris, La Découverte.

Waldinger R. (2006), « 'Transnationalisme' des immigrants et présence du passé », *Revue européenne des migrations internationales*, vol. 22, n° 21, 2006, pp. 23-41.

Wang S. (2014), « "Enfant abandonné en Chine, puis domestiqué en France ? Qu'est-ce que je suis pour eux ?!" Obligations familiales à rebours des enfants migrants d'origine chinoise à Paris », *Enfances, familles, génération*, n° 20, pp. 21-44.

Weil P. (2008), *Liberté, égalité, discrimination. L'« identité nationale » au regard de l'histoire*, Paris, Grasset.

Wihtol de Wenden C., Leveau R. (2001), *La Beurgeoisie. Les trois âges de la vie associative issue de l'immigration*, Paris, Ed. CNRS.

Zegnani S. (2013), *Dans le monde des cités. De la galère à la mosquée*, Rennes, PUR.

Zehraoui A. (1996), « Les processus différentiels d'intégration au sein des familles d'origine algérienne en France », *Revue française de sociologie*, vol. XXXVII, pp. 237-261.

Zehraoui A. (avec la collaboration de S. Chaib, S. Aquatias et S. Lazizi) (1999), *Familles d'origine algérienne en France. Etude sociologique des processus d'intégration*, Paris, CIEMI-L'Harmattan.

Zéroulou Z. (1985), « Mobilisation familiale et réussite scolaire », *Revue européenne des migrations internationales,* vol. 1, n° 2, pp. 107-117.

Zirotti J.-P. (1989), « Constitution d'un domaine de recherche : la scolarisation des enfants de travailleurs immigrés », *Babylone*, vol. 6-7, pp. 210-254.

Zirotti J.-P. (2004), « La scolarisation des élèves issus de l'immigration : les avatars d'une question disputée », *Historiens et Géographes*, n° 385, pp. 179-194.

Streiff-Fenart J. (2006), « A propos des valeurs en situation d'immigration : questions de recherche et bilan des travaux », *Revue française de sociologie*, vol. 47, n° 4, pp. 851-875.

Tafferant N. (2007), *Le bizness. Une économie souterraine*, Paris, PUF, coll. « Le partage du savoir ».

Tersigni S. (2001), « La virginité des filles et l' "honneur maghrébin" dans le contexte français », *Hommes et migration*, n° 1232, pp. 34-40.

Therrien C. et Le Gall J. (dir.) (2013), « Lien conjugal et migration à l'ère de la mondialisation », *Diversité urbaine*, vol. 13, n° 2, pp. 87–106.

Thomson M. et Crul C. (2007), "The second generation in Europe and the United States: how is the transatlantic debate relevant for further research on the European second generation?," *Journal of Ethnic and Migration Studies*, 33(7), pp. 1025–1041.

Tiberj V. et Michon L. (2013), "Two-tier Pluralism in 'colour-blind France'," *West European Politics*, vol. 36, n° 3, pp. 580-596.

Tiberj V. et Simon P. (2012), « La fabrique du citoyen. Origines et rapport au politique en France », *Document de travail de l'Ined*, n° 175.

Toulemon L. (2008), « Entre le premier rapport sexuel et la première union : des jeunesses encore différentes pour les femmes et pour les hommes », in N. Bajos et M. Bozon (dir.), *Enquête sur la sexualité en France : pratiques, genre et santé*, Paris, La Découverte, pp. 163-196.

Tribalat M. (1995), *Faire France*, Paris, La Découverte.

Tribalat M. (1996), « Faire fi des a priori idéologiques », *MARS* (le Monde Arabe dans la Recherche Scientifique), n° 6, pp. 89-91.

Tribalat M. (1997), « Une surprenante réécriture de l'histoire », *Population*, n° 52, pp. 137-147.

Tribalat M. (1999), « A propos de catégories ethniques. Réponses à Maryse Tripier », *Hommes et migrations*, n° 1221 , pp. 85-91.

Tucci I. (2010), « Les descendants de migrants maghrébins en France et turcs en Allemagne : deux types de mise à distance sociale ? », *Revue française de sociologie*, vol. 51, n° 1, pp. 3-38.

Unterreiner A. (2015), *Enfants de couples mixtes. Liens sociaux et identités*, Rennes, PUR.

Vallet L.-A. et Caille J.-P. (1996), « Les élèves étrangers ou issus de l'immigration dans l'école et le collège français. Une étude d'ensemble », *Les*

génération, comment faire famille ? », in J. Barou (dir.), *De l'Afrique à la France. D'une génération à l'autre*, Paris, A. Colin, pp. 65-90.

Ségalen M. et Martial A. (2013), *Sociologie de la famille*, Paris, A. Colin, coll. « U ».

Shahrokni S. (2015), "The Minority Culture of Mobility of France's Upwardly Mobile Descendants of North African Immigrants," *Ethnic and Racial Studies*, vol. 38, n° 7, pp. 1050-1066.

Silberman R. et Fournier I. (1999), « Les enfants d'immigrés sur le marché du travail. Les mécanismes d'une discrimination sélective », *Formation Emploi*, n° 65, pp. 31-55.

Silberman R. et Fournier I. (2006), « Les secondes générations sur le marché du travail en France : Une pénalité ethnique ancrée dans le temps », *Revue française de sociologie*, n° 2, vol. 47, pp. 243-292.

Simon P. (1998), « Nationalité et origine dans la statistique française. Les catégories ambiguës », *Population*, n° 3, pp. 541-568.

Simon P. (2007), « La Question de la Seconde Génération en France: Mobilité Sociale et Discrimination », in M. Potvin, P. Eid et N. Venel (dir.), *La seconde génération issue de l'immigration. Une comparaison France-Québec*, Outremont, Athena Editions, pp. 39-70.

Simon P. (2008), « Les statistiques, les sciences sociales françaises et les rapports sociaux ethniques et de "race" », *Revue française de sociologie*, vol. 49, n° 1, pp. 153-162.

Simon P. (2010), « Nationalité et sentiment national », in C. Beauchemin, C. Hamel et P. Simon (dir.), « Trajectoires et origines. Enquête sur la diversité des populations en France », *Documents de travail de l'Ined*, n° 168.

Simon P. et Tiberj V. (2012), « Les registres de l'identité. Les immigrés et les descendants », *Document de travail de l'Ined*, n° 176.

Simon P. et Tiberj V. (2013), « Sécularisation ou regain religieux : la religiosité des immigrés et de leurs descendants », *Document de travail de l'Ined*, n° 196.

Singly de F. (2000), *Libre ensemble*, Paris, Nathan.

Streiff-Fenart J. (1985), « Le mariage : un moment de vérité de l'immigration familiale maghrébine », *Revue Européenne des Migrations Internationales*, 1985, vol. 1, n° 2, pp. 131-143.

Streiff-Fenart J. (1989), *Les couples franco-maghrébins en France*, Paris, L'Harmattan.

vol. 20, n° 119, pp. 209-227.

SANTELLI E. et COLLET B. (2013), « Les unions endogames transnationales des descendants d'immigrés en France. Options culturelles et conditions sociales », *Diversité Urbaine*, vol. 13, n° 2, pp. 9-28.

SANTELLI E. et PONTON-FRENAY N. (2015), « Les mobilités des ménages en quartiers politique de la ville. Qui sont et où vont les ménages qui sortent de ces quartiers de l'agglomération lyonnaise », *Observatoire partenarial Cohésion sociale et territoriale*, Cahier n° 8, Tome 1.

SAUVADET T. (2006), *Le capital guerrier*, Paris, A. Colin.

SAYAD A. (1979a), « Qu'est-ce qu'un immigré ? », *Peuples méditerranéens*, n° 7, pp. 3-23.

SAYAD A. (1979b), « Les enfants illégitimes », *Actes de la recherche en sciences sociales*, n° 25, pp. 61-82 et n° 26-27, pp. 117-132.

SAYAD A. (1985a), « L'immigration algérienne, une immigration exemplaire », in J. COSTA-LASCOUX et E. TEMINE (dir.), *Les Algériens en France, genèse et devenir d'une migration*, CNRS, Publisud, pp. 19-49.

SAYAD A. (1985b), « Du message oral au message sur cassette, la communication avec l'absent », *Actes de la recherche en sciences sociales*, n° 59, pp. 61-73.

SAYAD A. (1994), « Qu'est-ce que l'intégration ? », *Hommes et Migrations*, n° 1182, pp. 8-14.

SAYAD A. (1997), *L'immigration ou les paradoxes de l'altérité*, Bruxelles, de Boeck Université [1ère édition 1991].

SCHIFF C. (2015), *Beurs et Blédards. Les nouveaux arrivants face aux Français issus de l'immigration*, Paris, Ed. Le Bord de l'eau, coll. « Clair et Net ».

SCHNAPPER D. (1991), *La France de l'intégration. Sociologie de la Nation en 1990*, Paris, Gallimard.

SCHNAPPER D. (2008), « Les enjeux démocratiques de la statistique ethnique, *Revue française de sociologie*, vol. 49, n° 1, pp. 133-139.

SCHNEIDER J. et CRUL M. (2012), "Comparative integration context theory : Participation and belonging in diverse European cities," in M. CRUL, J. SCHNEIDER, L. FRANS (dir.), *The European second Generation compared. Does the Integration Context Matter?*, Amsterdam, Amsterdam University Press, pp. 19-37.

SÉGALEN M. (1981), *Sociologie de la famille*, Paris, A. Colin, coll. « U ».

SÉGALEN M., AOUICI S. et GALLOU R. (2011), « Entre la première et la seconde

« partage du savoir ».

SAD SAOUD H. (1985), « Le choix du conjoint : tradition et changement », *Revue Européenne des Migrations Internationales*, 1985, vol. 1, n° 2, pp. 118-130.

SAFI M. (2006), « Le processus d'intégration des immigrés en France : inégalités et segmentation », *Revue française de sociologie*, vol. 47, n° 1, pp. 3-48.

SAFI M. (2009), « La dimension spatiale de l'intégration : évolution de la ségrégation des populations immigrées en France entre 1968 et 1999 », *Revue française de sociologie*, vol. 50, n° 3, pp. 521-552.

SAFI M. (2011), « Penser l'intégration des immigrés : les enseignements de la sociologie américaine », *Sociologie*, vol. 2, n° 2, pp. 149-164.

SAFI M. (2013), *Inégalités ethno-raciales*, Paris, La Découverte, coll. « Repères ».

SANSELME F. (2009), « L'ethnicisation des rapports sociaux à l'école. Ethnographie d'un lycée de banlieue », *Sociétés contemporaines*, vol. 4, n° 76, pp. 121-147.

SANTELLI E. (1993), « La mobilisation des familles algériennes pour l'accession à la propriété. Le rôle décisif des fils », *Les Annales de la recherche urbaine*, n° 59-60, pp. 73-78.

SANTELLI E. (2001), *La mobilité sociale dans l'immigration. Itinéraires de réussite des enfants d'origine algérienne*, Toulouse, PUM.

SANTELLI E. (2004), « De la "deuxième génération" aux descendants d'immigrés maghrébins. Apports, heurts et malheurs d'une approche en termes de génération », *Temporalités*, n° 2, pp. 29-43.

SANTELLI E. (2007), *Grandir en banlieue. Parcours et devenir de jeunes Français d'origine maghrébine*, Paris, CIEMI.

SANTELLI E. (2008), « Lecture critique du plan 'Espoir Banlieue' : quel regard porté sur les jeunes ? », *Les Cahiers du DSU*, Centre de ressources et d'échanges pour le développement social et urbain, Lyon, n° 48, pp. 11-12.

SANTELLI E. (2010), « Entre ici et là-bas : les parcours d'entrepreneurs transnationaux : Investissements économiques en Algérie des descendants de l'immigration algérienne de France », *Sociologie*, vol. 1, n° 3, pp. 393-411.

SANTELLI E. (2014), *Prendre place, entre ressources inégales et mobilités. Réflexions méthodologiques sur les parcours des descendants d'immigrés*, Mémoire de l'Habilitation à diriger des recherches, sous la direction de Claire Bidart, Aix-Marseille Université.

SANTELLI E. et COLLET B. (2008), « Refuser un "mariage forcé", ou comment les femmes réagissent-elles face à l'imposition parentale ? », *Migrations-Société*,

descendants : ségégation et discriminations perçues », in C. Beauchemin, C. Hamel et P. Simon (dir.), *Trajectoires et origines. Enquête sur la diversité des populations en France*, Paris, Ined Editions, pp. 471-497.

Parmantier C. (2015), « Footballeuses et musulmanes : des transgressions négociées », *Migrations-société*, vol. 27, n° 157, pp. 33-50.

Payet J.-P. (1995), *Collèges de banlieue. Ethnographie d'un monde scolaire*, Paris, Méridiens-Klincksieck.

Portes A. (1999), « La Mondialisation par le bas. L'émergence des communautés transnationales », *Actes de la recherche en sciences sociales*, n° 129, pp.15-25.

Portes A., Guarnizo L. et Landolt P. (1999), "The study of transnationalism: pitfalls and promise of an emergent research field," *Ethnic and racial study*, vol. 22, n° 2, pp. 217-237.

Portes A. et Zhou M. (1993), "The new second generation: Segmented assimilation and the variants," *Annals of the American Academy of Political and Social Science*, vol. 530, n° 1, pp. 74-96.

Préteceille E. (2006), « La ségrégation sociale a-t-elle augmenté ? La métropole parisienne entre polarisation et mixité », *Sociétés contemporaines*, n° 62, pp. 69-93.

Préteceille E. (2009), « La ségrégation ethno-raciale a-t-elle augmenté dans la métropole parisienne ? », *Revue française de sociologie*, vol. 50, n° 3, pp. 489-519.

Rabaud A. et Santelli E. (2015), « De l'immigration à l'analyse des minorités », in C. Paradeise, D. Lorrain et D. Demazière (dir.), *Transmissions. 40 ans de sociologie française*, Rennes, PUR, pp. 459-476.

Réa A. et Tripier M. (2003), *Sociologie de l'immigration*, Paris, La Découverte, coll. « Repères ».

Revue européenne des migrations internationales (2008), Pratiques transnationales. Mobilités et territorialités, vol. 24, n° 2.

Revue européenne des migrations internationales (2012), Migrations, transnationalisme et diaspora : théorie et études de cas, vol. 28, n° 1.

Ribert E. (2006), *Liberté, égalité, carte d'identité. Les jeunes issus de l'immigration et l'appartenance nationale*, Paris, La Découverte.

Roulleau-Berger L. (1999), *Le travail en friche. Les mondes de la « petite » production urbaine*, La Tour d'Aigues, Aube Éditions.

Rubi S. (2005), *Les « crapuleuses », ces adolescentes déviantes*, Paris, PUF, coll.

français, Paris, La Découverte, coll. « Sur le vif » (1ère édition 2002).

MUXEL A. (1988), « Les attitudes socio-politiques des jeunes issues de l'immigration maghrébine en région parisienne », *Revue française de science politique*, vol. 38, n° 6, pp. 925-940.

NDIAYE P. (2008), *La condition noire. Essai sur une minorité française*, Paris, Calmann-Lévy.

NEDELCU M. (2010), « (Re)penser le transnationalisme et l'intégration à l'ère du numérique. Vers un tournant cosmopolitique dans l'étude des migrations internationales », *Revue européenne des migrations internationales*, vol. 26, n° 2, pp. 33-55.

NEYRAND G., HAMMOUCHE A. et MEKBOUL S. (2008), *Les mariages forcés. Conflits culturels et réponses sociales*, Paris, La Découverte.

NOIRIEL G. (1988), *Le creuset français. Histoire de l'immigration 19ème-20ème siècle*, Paris, Seuil（=2015、大中一彌・川崎亜紀子・太田悠介訳『フランスという坩堝――一九世紀から二〇世紀の移民史』法政大学出版局）

Nouvelles questions féministes (2006), Sexisme et racisme, le cas français, vol. 25, n° 1.

OBERTI M. (2006), « La différenciation sociale et scolaire de l'espace urbain », in H. LAGRANGE (dir.), *L'épreuve des inégalités*, Paris, PUF, coll. « Le lien social », pp. 283-314.

OKBA M. (2010), « Métiers des descendants d'immigrés et de leurs pères : des héritages socioprofessionnels différents selon les origines géographiques ? », in C. BEAUCHEMIN, C. HAMEL et P. SIMON (dir.), « Trajectoires et origines. Enquête sur la diversité des populations en France », *Documents de travail de l'Ined*, n° 168, pp. 63-70.

OKBA M. (2012), « Métiers des pères et des descendants d'immigrés : une mobilité sociale davantage liée à l'origine sociale qu'à l'origine géographique », *DARES Analyses*, n° 58.

PAILHÉ A. (2015), "Partnership dynamics across generation of immigration in the French context : structural vs. cultural factors," *Demographic research*, vol. 33, n° 16, pp. 451-498.

PAN KE SHON J.-L. (2009), « Ségrégation ethnique et ségrégation sociale en quartiers sensibles. L'apport des mobilités résidentielles », *Revue française de sociologie*, vol. 50, n° 3, pp. 451-487.

PAN KÉ SHON J.-L. et SCODELLARO C. (2015), « L'habitat des immigrés et des

Migrations-sociétés, vol. 25, n° 147-148, 150p..

Moguérou L. et Santelli E. (2012a), « Modes d'habiter des descendants d'immigrés », *Agora. Jeunesse-Débats*, n° 61, pp. 79-92.

Moguérou L. et Santelli E. (2012b), « Parcours scolaires réussis d'enfants d'immigrés issus de familles nombreuses », *Informations sociales*, n° 173, pp. 84-92.（=2018、村上一基訳「移民系大家族出身の子どもの学校経路」園山大祐編『フランスの社会階層と進路選択——学校制度からの排除と自己選抜のメカニズム』勁草書房、pp.226-238 に一部収録）

Moguérou L., Hamel C. et Santelli E. (2013), « Genre, origine et autonomisation durant la période de la jeunesse : les relations entre parents et enfants dans les familles immigrées », *Migrations-sociétés*, vol. 25, n° 147-148, pp. 189-203.

Moguérou L. et Santelli E. (2015), "The educational supports of parent and siblings in immigrant families," *Comparative Migration Studies*, n° 3, version électronique.

Moguérou L., Santelli E., Primon J.L. et Hamel C. (2013), « Taille de la fratrie et statut sociale des enfants d'immigrés issus de familles nombreuses », *Politiques sociales et familiales*, n° 111, pp. 17-30.

Mohammed M. (2011), *La formation des bandes. Entre la famille, l'école et la rue*, Paris, PUF. coll. « Le lien social ».

Mohammed M. (2014), « La force paradoxale des bandes de jeunes : compensation et marginalisation sociales », in S. Paugam (dir.), *L'intégration inégale. Force, fragilité et rupture des lieux sociaux*, Paris, PUF, coll. « Le lien social », pp. 207-226.

Mohammed M. (2015), « Les bandes de jeunes dans la France contemporaine », in L. Mucchielli (dir.), *La délinquance des jeunes*, Paris, La Documentation française, pp. 91-108.

Mohammed M. et Mucchielli L. (2006), « La police dans les "quartiers sensibles" : un profond malaise », in V. Le Goazioui et L. Mucchielli (dir.), *Quand les banlieues brûlent… Retour sur les émeutes de novembre 2005*, Paris, La Découverte, pp. 98-119.

Monso O. (2006), « Changer de groupe social en cours de carrière », *INSEE Première*, n° 1112.

Mucchielli L. (2005), *Le Scandale des « tournantes » : dérives médiatiques, contre-enquête sociologique*, Paris, La Découverte.

Mucchielli L. (2012), *Violences et insécurité : fantasmes et réalités dans le débat*

139-150.

Malewska-Peyre H. (1984), « Crise d'identité, problème de déviance chez les jeunes immigrés », *Les temps modernes*, n° 452-453-454, pp. 1794-1811.

Marlière E. (2006), « Les jeunes des cités en visites au 'bled'. 'Ennemis de l'intérieur' en France et 'touristes étrangers' au Maghreb », *Hommes et Migrations*, n° 1262, pp. 99-113.

Marlière E. (2008), *La France nous a lâchés ! Le sentiment d'injustice chez les jeunes des cités,* Paris, Fayard.

Masclet O. (2003), *La gauche et les cités. Enquête sur un rendez-vous manqué*, Paris, La Dispute.

Masclet O. (2012), *Sociologie de la diversité et des discriminations*, Paris, A. Colin, coll. « 128 ».

Mauger G. (2015), *Ages et générations*, Paris, La Découverte, coll. « Repères ».

Maurin E. (2004), *Le ghetto français. Enquête sur la ségrégation urbaine*, Paris, Le Seuil.

Merton R. K. (1997), *Eléments de théorie et de méthode sociologique*, Paris, Armand Colin [1949 édition originale]（=1961、森東吾・森好夫・金沢実・中島竜太郎訳『社会理論と社会構造』みすず書房）

Meurs D. et Pailhé A. (2008), « Descendantes d'immigrés en France : une double vulnérabilité sur le marché du travail ? », *Travail, genre et sociétés*, vol. 2, n° 20, pp. 87-107.

Meurs D. et Pailhé A. (2010), « Position sur le marché du travail des descendants directs d'immigrés en France : les femmes doublement désavantagées ? », *Économie et statistique*, n° 431-432, pp. 129-151.

Meurs D., Pailhé A. et Simon P. (2005), « Mobilité intergénérationnelle et persistance des inégalités. L'accès à l'emploi des immigrés et de leurs descendants en France », *Documents de travail de l'Ined*, n° 130.

Mogérou L., (avec la collaboration d'E. Santelli) (2013), « L'aide au travail scolaire dans les familles immigrées de milieux populaires », *Migrations-Société*, n° 147-148, pp.159-174.

Moguérou L., Brinbaum Y. et Primon J.-L. (2010), « Niveaux de diplôme des immigrés et de leurs descendants », in C. Beauchemin, C. Hamel et P. Simon (dir.), « Trajectoires et origines. Enquête sur la diversité des populations en France », *Documents de travail de l'Ined*, n° 168, pp. 39-45.

Moguérou L. et Santelli E. (dir.) (2013), « Des jeunes comme les autres ? », perspectives », *Les Cahiers du GRES*, vol. 5, n° 1, pp. 29-42.

LE GOAZIOU V. et MUCCHIELLI L. (dir.) (2006), *Quand les banlieues brûlent… Retour sur les émeutes de novembre 2005*, Paris, La Découverte.

LEPOUTRE D. (1997), *Cœur de banlieue. Codes, rites et langages*, Paris, Ed. Odile Jacob.

LEQUIN Y. (dir.) (1988), *La mosaïque France. Histoire des étrangers et de l'immigration*, Paris, Larousse.

LEVITT P. et WATERS M. C. (dir.) (2002), *The Transnational Lives of the Second Generation,* New York, Russell Sage Foundation.

LHOMMEAU B., MEURS D. et PRIMON J.-L. (2010), « Situation par rapport au marché du travail des 18-50 ans selon l'origine et le sexe », in C. BEAUCHEMIN, C. HAMEL et P. SIMON (dir.), « Trajectoires et origines. Enquête sur la diversité des populations en France », *Documents de travail de l'Ined*, n° 168, pp. 71-75.

LHOMMEAU B. et SIMON P. (2010), « Les populations enquêtées », in C. BEAUCHEMIN, C. HAMEL et P. SIMON (dir.), « Trajectoires et origines. Enquête sur la diversité des populations en France », *Documents de travail de l'Ined*, n° 168, pp. 11-18.

LOMBARDO P. et PUJOL J. (2011), « Le niveau de vie des descendants d'immigrés », *Insee Référence, Les revenus et le patrimoine des ménages*, pp. 73-81.

LORCERIE F. (1989), « Bilan d'une réglementation », *Immigration et école : la pluralité culturelle, Travaux et documents de l'IREMAM*, n° 7, Aix-en-Provence.

LORCERIE F. (1994), « Les sciences sociales au service de l'identité nationale : le débat sur l'intégration en France au début des années 1990 », in M. DENIS-CONSTANT (dir.), *Cartes d'identité. Comment dit-on « nous » en politique ?*, Paris, Presses de la Fondation nationale de Sciences politiques.

LORCERIE F. (2000), « La lutte contre les discriminations ou l'intégration requalifiée, *Ville-Ecole-Intégration*, n° 121, pp. 69-81.

LORCERIE F. (2003), *L'école et le défi ethnique*, Paris, INRP/ESF.

LORCERIE F. (2011), « La discrimination institutionnelle des garçons maghrébins », *Cahiers Pédagogiques*, n° 487, Filles et garçons à l'école.
http://www.cahiers-pedagogiques.com/spip.php?page=numero&id_article=7268

MAINGUENÉ A. (2014), « De mère à filles : la mobilité vers l'activité des descendantes d'immigrés », *France, portrait social*, édition 2014, Insee, pp.

Khosrokhavar F. (1997), *L'islam des jeunes*, Paris, Flammarion.

Kokoreff M. (2008), *Sociologie des émeutes*, Paris, Payot.

Kokoreff M. et Lapeyronnie D. (2013), *Refaire la cité. L'avenir des banlieues*, Paris, Seuil, Coll. « La république des idées ».

Laacher S. (1990), « L'école et ses miracles. Notes sur les déterminants sociaux des trajectoires scolaires des enfants de familles immigrées », *Politix*, vol. 3, n° 12, pp. 25-37.

Laacher S. (2005), *L'institution scolaire et ses miracles*, Paris, La Dispute.

Lacoste-Dujardin C. (avec la collaboration de N. Sekik, B. Boualem et S. Ben Abda) (1995), *Les jeunes issues de l'immigration maghrébine : une problématique spécifique*, Rapport de recherche, Ministère de la Jeunesse et des Sports, La Documentation française.

Lagrange H. (1999), *Les adolescents, le sexe, l'amour*, Paris, Syros.

Lagrange H. (2006), « 'Ethnicité' et déséquilibres sociaux en Ile-de-France », in H. Lagrange (dir.), *L'épreuve des inégalités*, Paris, PUF, coll. « Le lien social », pp. 249-282.

Lagrange H. (2010), *Le déni des cultures*, Paris, Seuil.

Lagrange H. (2014), « Le renouveau religieux des immigrés et de leurs descendants en France », *Revue française de sociologie*, vol. 55, n° 2, pp. 201-244.

Lagrange H. et Oberti M. (dir.) (2006), *Émeutes urbaines et protestations : Une singularité française*, Paris, Presses de Sciences Po.

Lahire B. (1995), *Tableaux de familles*, Paris, Gallimard-Le Seuil.

Lapeyronnie D. (1987), « Assimilation, mobilisation et action collective chez les jeunes de la seconde génération de l'immigration maghrébine », *Revue française de sociologie*, vol. XXVIII, pp. 287-318.

Lapeyronnie D. (avec la collaboration de L. Courtois) (2008), *Le ghetto urbain. Ségrégation, violence, pauvreté en France aujourd'hui*, Paris, Robert Laffont.

Le Bras H. (1996), « Dé-chiffrer l'étranger », *MARS* (le Monde Arabe dans la Recherche Scientifique), n° 6.

Le Bras H. (1997), « Dix ans de perspectives de la population étrangère : une perspective », *Population*, n° 52, pp. 103-134.

Le Bras H. (1998), *Le démon des origines. Démographie et extrême droite*, La Tour d'aigues, Editions de l'Aube.

Le Gall J. (2005), « Familles transnationales : bilan des recherches et nouvelles

Documentation française.

Irtis-Dabbag V. (2003), *Les jeunes issus de l'immigration turque en France*, Paris, L'Harmattan.

Jamoulle P. (2003), « *Business is business*. Enjeux et règles du jeu de l'économie clandestine », *Déviance et Société*, vol. 27, n° 3, pp. 297-311.

Jardin A. (2013), « Les jeunes Français issus de l'immigration sont-ils dépolitisés ? », *Migrations-société*, vol. 25, n° 147-148, pp. 175-188.

Jardin A. (2014), « Le vote intermittent. Comment les ségrégations urbaines influencent-elles les comportements électoraux en Ile-de-France ? », *L'espace politique*, vol. 23, n° 2 [En ligne], mis en ligne le 4 juillet 2014, consulté le 8 juillet 2015. URL : http:// espacepolitique.revues.org/3082 ; DOI : 10.4000/ espacepolitique.3082.

Jardin A. et Tiberj V. (2013), « Des jeunes parmi d'autres ? Les jeunes issus des immigrations », in O. Galland et B. Roudet (dir.), *Une jeunesse différente ? Les valeurs des jeunes Français depuis 30 ans*, Paris, La Documentation française, pp.167-194.

Jazouli A. (1986), *L'action collective des jeunes maghrébins de France*, Paris, CIEMI-L'Harmattan.

Jugnot S. (2012), « L'accès à l'emploi à la sortie du système éducatif des descendants d'immigrés », Insee Références, *Immigrés et descendants d'immigrés en France*, pp. 61-75.

Kakpo N. (2007), *L'islam, un recours pour les jeunes*, Paris, Sciences Po Les presses.（=2018、村上一基訳「マグレブ系移民子孫の学校経歴とイスラームへのアイデンティフィケーション」園山大祐編『フランスの社会階層と進路選択——学校制度からの排除と自己選抜のメカニズム』勁草書房、pp.239-252 に一部収録）

Kebabza H. (2005), « 'Invisibles ou parias' filles et garçons des quartiers de relégation », *Empan*, vol. 3, n° 67, pp. 30-33.

Kepel G. (1987), *Les banlieues de l'islam. Naissance d'une religion en France,* Paris, Seuil.

Kepel G. (2012), *Les banlieues de la République : Société, politique et religion à Clichy-sous-Bois et Montfermeil*, Paris, Gallimard.

Khedimellah M. (2004), « Taglih ou l'islam apostolique au masculin dans les quartiers impopulaires en France », in C. Cossée, E. Lada et I. Rigoni (dir.), *Faire figure d'étranger. Regards croisés sur la production de l'altérité*, Paris, A. Colin, pp. 261-276.

nord-africains, Paris, Grasset/Le Monde.

Guénif-Souilamas N. et Macé É. (2006), *Les féministes et le garçon arabe*, La Tour d'Aigues, L'Aube Poche Essai.

Hajjat A. (2013), *La marche pour l'égalité et contre le racisme*, Paris, Ed. Amsterdam.

Hamel C. (2005), « De la racialisation du sexisme au sexisme identitaire », Migrations-société, vol. 17, n° 99-100, pp. 91-104.

Hamel C., Lhommeau B., Pailhé A. et Santelli E. (2015), « Rencontrer son conjoint dans un espace multiculturel et international », in C. Beauchemin, C. Hamel, P. Simon (dir.), *Trajectoires et origines : enquête sur la diversité des populations en France*, Paris, Ined, coll. « Grandes Enquêtes », pp. 291-322.

Hamel C., Moguérou L. et Santelli E. (2011), « L'entrée dans la vie adulte des filles et fils d'immigrés », *Politiques sociales et familiales*, n° 105, pp. 47-58.

Hamidi C. (2010), « Catégorisations ethniques ordinaires et rapport au politique », *Revue française de science politique*, vol. 60, n° 4, pp. 719-743.

Hammouche A. (1990), *Mariage et immigration. La famille algérienne en France*, Lyon, PUL.

Harrami N. (2008), « Les filles des migrants marocains en France et les règles familiales relatives à la chasteté de la jeune fille », in I. Melliti, D. Mahfoudh Draoui, R. Ben Amor et S. Ben Fredj (dir.), *Jeunes, dynamiques identitaires et frontières culturelles*, Tunis, UNICEF, pp. 237-251.

Hoggart R. (1970), *La culture du pauvre. Étude sur le style de vie des classes populaires en Angleterre*, Paris, Éd. de Minuit [1957 édition originale]. (=1986、香内三郎訳『読み書き能力の効用 新装版』晶文社)

Holdaway J., Crul M. et Roberts C. (2009), "Cross-National comparison of provision and outcomes for the education of the second generation," *Teachers College Record*, vol. 111, n° 6, pp. 1381-1403.

Horizons maghrébins (1993), Elites maghrébines de France, n° 20/21.

Ichou M. (2013), « Différences d'origine et origine des différences : les résultats scolaires des enfants d'émigrés/immigrés en France du début de l'école primaire à la fin du collège », *Revue française de sociologie,* vol. 54, n° 1, pp. 5-52. (=2018、村上一基訳「移民の子どもの小学校入学から中学校卒業までの学業成績の差異」園山大祐編『フランスの社会階層と進路選択——学校制度からの排除と自己選抜のメカニズム』勁草書房、pp.253-272)

Insee références (2012), *Immigrés et descendants d'immigrés en France*, La *ségrégation ethnique dans les collèges*, Paris, Seuil.

FLANQUART H. (2003), *Croyances et valeurs chez les jeunes Maghrébins*, Bruxelles, Editions Complexe.

FRICKEY A. et PRIMON J.-L. (2004), « L'insertion professionnelle après des études supérieures des jeunes femmes issues des familles d'immigrés des pays du Maghreb : une inégalité redoublée », in *Marché du travail et genre dans les pays du Maghreb*, Bruxelles, Éd. du Dulbea, pp. 167-182.

FRICKEY A. et PRIMON J.-L. (2010), « Jeunes issus de l'immigration nord-africaine en fin de formation : une reproduction de la division des sexes ? », *L'Homme et la Société*, vol. 2, n° 176-177, pp. 171-192.

FRIGOLI G. (2014), « Les mutations de l'islam en France depuis la fin des années 1990 », in M. POINSOT et S. WEBER (dir.), *Migrations et mutations de la société française. L'état des savoirs*, Paris, Le Découverte, pp. 194-202.

GALLAND O. (1990), « Un nouvel âge de la vie », *Revue française de sociologie*, vol. XXXI, n° 4, pp. 529-551.

GALLAND O. (2000), « Entrer dans la vie adulte : des étapes toujours plus tardives mais resserrées », *Économie et Statistique*, n° 337-338, pp. 13-36.

GALLAND O. (2009), *Les jeunes*, Paris, La Découverte, coll. « Repères » (réédition).

GEISSER V. (1997), *Ethnicité républicaine. Les élites d'origine maghrébine dans le système politique français*, Paris, Presses de Sciences po.

GIDDENS A. (2004), *Les transformations de l'intimité*, Rodez, Éditions du Rouergue [1992 édition originale]. (=1995、松尾精文・松川昭子訳『親密性の変容——近代社会におけるセクシュアリティ、愛情、エロティシズム』而立書房)

GILBERT P. (2011), « 'Ghetto', 'relégation', 'effets de quartier'. Critique d'une représentation des cités », *Métropolitiques*, 9 février 2011. URL://www.metropolitiques.eu/Ghetto-relegation-effet-de.html

GLICK-SCHILLER N., BASCH L. et SZANTON BLANC C. (1995), "From immigrant to transmigrant: theorizing transnational migration," *Anthropological Quarterly*, Vol. 68, n° 1, pp. 48-63.

GORIS I., JOBARD F. et LÉVY R. (2009), *Police et minorités visibles : les contrôles d'identité à Paris*, New York, Open Society Institute.

GRYSOLE A. et BEAUCHEMIN C. (2013), « Les allers-retours des enfants de l'immigration subsaharienne : 'les filles ou les garçons d'abord' ? », *Migrations-société*, vol. 25, n° 147-148, pp. 127-142.

GUÉNIF-SOUILAMAS N. (2000), *Des 'beurettes' aux descendantes d'immigrants*

DESPLANQUES G. (1981), « La chance d'être aîné », *Economie et statistique*, n° 137, pp. 53-56.

DHUME F., DUKIC S., CHAUVEL S. et PERROT P. (2011), *Orientation scolaire et discrimination. De l'(in)égalité de traitement selon l'« origine »*, Paris, La Documentation française.

DOMERGUE F. et MAINGUENÉ A. (2015) « La fécondité des descendantes d'immigrés est proche de celle de la population majoritaire », *Infos Migrations*, n° 79.

DOUZET F. et ROBINE J. (2012), « Les enjeux de la concentration spatiale des immigrés et de leurs descendants », *Infos Migrations*, n° 40.

DUBET F. (1987), *La galère. Jeunes en survie*, Paris, Fayard [réédition 2003].

DUBET F. (2010), *Les places et les chances. Repenser la justice sociale*, Paris, Seuil, coll. « La république des idées »

DUMAY X., DUPRIEZ V. et MAROY C. (2010), « Ségrégation entre écoles, effets de la composition scolaire et inégalités de résultats », *Revue française de sociologie*, vol. 51, n° 3, pp. 461-480.

DUPREZ D. et KOKOREFF M. (2000), *Les mondes de la drogue*, Paris, O. Jacob.

EBERHARD M. et SIMON P. (2014), « Egalité professionnelle et perception des discriminations à la Ville de Paris », *Documents de travail de l'Ined*, n° 207.

EID P. (2007), « Le rapport entre genre et ethnicité dans les constructions identitaires de la deuxième génération d'origine arabe au Québec », in M. POTVIN, P. EID et N. VENEL (dir.), *La deuxième génération issue de l'immigration. Une comparaison France-Québec*, Outremont, Athéna Editions, pp. 215-237.

ELIAS N. (1991), *La société des individus*, Paris, Fayard [1987 édition originale].
(=2014、宇京早苗訳『諸個人の社会』法政大学出版局、新装版)

ESCAFRÉ-DUBLET A. et SIMON P. (2014), « Une citoyenneté controversée : descendants d'immigrés et imaginaire national », in M. POINSOT et S. WEBER (dir.), *Migrations et mutations de la société française, l'Etat des savoirs*, La Découverte, pp. 248-256.

ETIENNE B. (1987), *L'islamisme radical*, Paris, Hachette.

FASSIN E. (2010), « Les couleurs de la représentation », *Revue française de science politique*, vol. 60, n° 4, pp. 655-662.

FELOUZIS G. (2003), « La ségrégation ethnique au collège et ses conséquences », *Revue française de sociologie*, vol. 44, n° 3, pp. 413-447.

FELOUZIS G., LIOT F. et PERROTON J. (2005), *L'apartheid scolaire. Enquête sur la*

COUPPIÉ T. et GASQUET C. (2011), « Les jeunes des ZUS inégalement pénalisés au moment de l'insertion », Net.Doc, n° 79, Céreq.

COUPPIÉ T., GIRET J.-F. et MOULLET S. (2010), « Lieu de résidence et discrimiantion salariale : le cas des jeunes habitans dans une zone urbaine sensible », *Economie et statistique*, n° 433-434, pp. 47-70.

CRUL M. (dir.) (2007), "The second generation in Europe," *Ethnic and Migration Studies*, vol. 33, n° 7, pp. 1025-1041.

CRUL M. et MOLLENKOPF J. (dir.) (2012), *The Changing Face of World Cities. Young Adult Children of Immigrants in Europe and the United States*, New York, Russell Sage Foundation.

CRUL M. et SCHNEIDER J. (2009), "Children of Turkish immigrants in Germany and the Netherlands: the impact of differences in vocational and academic tracking systems," *Teachers College Record*, vol. 111, n° 6, pp. 5–6.

CRUL M., SCHNEIDER J. et LESLIE F. (dir.) (2012), *The European second Generation compared. Does the Integration Context Matter?*, Amsterdam, Amsterdam University Press.

CRUL M., POTT A. et SCHNEIDER J., (dir.) (2016), *New social mobility. Second generation pioneers in Europe*, Springer. (à paraître 2018 年 10 月 1 日現在未刊)

CRUL M. et VERMEULEN H. (dir.) (2003), "The future of the Second Generation: The Integration of Migrant Youth in Six European Countries," *International Migration Review*, vol. 37, n° 4, pp. 965–986.

CUSSET P.-Y., GARNER H., HARFI M., LAINÉ F. et MARGUERIT D. (2015), « Jeunes issus de l'immigration : quels obstacles à leur insertion économique ? », *La note d'analyse*, Hors série, n° 26, France Stratégie.

DARGENT C. (2010), « La population musulmane de France : de l'ombre à la lumière ? », *Revue française de sociologie*, vol. 51, n° 2, pp. 247-280.

DEBARBIEUX E. (1998), « Violence et ethnicité dans l'école française », *Revue européenne des migrations internationales*, vol. 14, n° 1, pp. 77-91.

DÉCHAUX J.-H. (2007), *Sociologie de la famille*, Paris, La Découverte, coll. « Repères ».

DELCROIX C. (2001), *Ombres et lumières de la famille Nour. Comment certains résistent à la précarité*, Paris, Payot.

DELCROIX C. (2004), « La complexité des rapports intergénérationnels dans les familles ouvrières originaires du Maghreb. L'exemple de la diagonale des générations », *Temporalités*, n° 2, pp. 44–59.

Brubaker R. (2001), "The return of assimilation? Changing perspectives on immigration and its sequels in France," Germany, and the United States," *Ethnic and Racial Studies*, vol. 24, n° 4, pp. 531-548.（=2016「同化への回帰か？――「フランス、ドイツ、アメリカにおける移民をめぐる視座の変化とその帰結」佐藤成基・髙橋誠一・岩城邦義・吉田公記編訳『グローバル化する世界と「帰属の政治」――移民・シティズンシップ・国民国家』明石書店、pp.200-231）

Caille J.-P. et O'Prey S. (2004), « Les familles immigrées et l'école française : un rapport singulier qui persiste même après un long séjour en France », *Données sociales : la société française, Edition 2002-2003*, Insee, pp. 149-160.

Camilleri C. (1992), « Evolution des structures familiales chez les Maghrébins et les Portugais de France », *Revue européenne des migrations internationales*, vol. 8, n° 2, pp. 133-148.

Cédiey E. et Foroni F. (2005), *Un diagnostic partagé sur les discriminations liées à l'origine et au sexe. Résultats d'une recherche-action au sein du groupe Casino*, Lyon, ISM-Corum.

Césari J. (1998), *Musulmans et républicains. Les jeunes, l'islam et la France*, Paris, Ed. Complexe.

Charsley K. (2012), *Transnational Marriage: new perspectives from Europe and beyond*, London, Routledge.

Clair I. (2008), *Les jeunes et l'amour dans les cités*, Paris, A. Colin.

Collctif (2006), *Banlieue, lendemains de révolte*, Paris, La Dispute.

Collet B. et Santelli E. (2012a), *Couples d'ici, parents d'ailleurs. Parcours de descendants d'immigrés*, Paris, PUF, coll. « Le lien social ».

Collet B. et Santelli E. (2012b), « Les couples mixtes franco-algériens en France. D'une génération à l'autre », *Hommes et migrations*, n° 1295, pp. 54-65.

Collet B. et Santelli E. (2012c), « Le mariage 'halal'. Réinterprétation des rites du mariage musulman dans le contexte post-migratoire français », *Recherches familiales*, n° 9, pp. 83-92.

Collet B. et Santelli E. (2013), « Les unions endogames transnationales des descendants d'immigrés en France. Options culturelles et conditions sociales », *Diversité urbaine*, vol. 13, n° 2, pp. 9-28.

Condon S. et Régnard C. (2010), « Héritage et pratiques linguistiques des descendants d'immigrés en France, *Hommes et Migration*, n° 1288, pp. 44-56.

Couppié T. (2013), « Insertion des jeunes issus de quartiers sensibles : les hommes doublement pénalisés », *Bref du Céreq*, n° 309.

Immigrés et descendants d'immigrés en France, pp. 11-26.

BOUVIER G. et BREEM Y. (2014), « Démographie des descendants d'immigrés », *Infos Migrations*, n° 66.

BOUZAR D. (2001), *L'islam des banlieues : les prédicateurs musulmans, nouveaux travailleurs sociaux ?*, Paris, Syros.

BOZON M. (2011), *Sociologie de la sexualité*, Paris, A. Colin, coll « 128 », 3ème édition (2013).

BRACONNIER C. et DORMAGEN J.-Y. (2010), « Le vote des cités est-il structuré par un clivage ethnique ? », *Revue française de science politique*, vol. 60, n° 4, pp. 663-689.

BREUIL-GENIER P., BORREL C. et LHOMMEAU B. (2011), « Les immigrés, les descendants d'immigrés et leurs enfants », *Insee Référence*, France, Portrait social, pp. 33-39.

BRINBAUM Y. et GUÉGNARD C. (2012), « Parcours de formation et d'insertion des jeunes issus de l'immigration au prisme de l'orientation », *Formation Emploi,* n° 118, pp. 61-82.

BRINBAUM Y. et KIEFFER A. (2005), « D'une génération à l'autre, les aspirations éducatives des familles immigrées : ambition et persévérance », *Education et Formations,* n° 72, pp. 53-75.

BRINBAUM Y. et KIEFFER A. (2009), « Les scolarités des enfants d'immigrés de la sixième au baccalauréat : différenciation et polarisation des parcours », *Population,* vol. 64, n° 3, pp. 561-610.

BRINBAUM Y., MOGUÉROU L. et PRIMON J.-L. (2012), « Les enfants d'immigrés ont des parcours scolaires différenciés selon leur origine migratoire », *Insee Références Immigrés et descendants d'immigrés en France*, pp. 43-59.

BRINBAUM Y., MOGUÉROU L. et PRIMON J.-L. (2014), « La scolarité des enfants d'immigrés : un échec à relativiser », in M. POINSOT et S. WEBER (dir.), *Migrations et mutations de la société française, l'Etat des savoirs*, La Découverte, pp. 158-166.

BROUARD S. et TIBERJ V. (2005), *Français comme les autres? Enquête sur les citoyens d'origine maghrébine, africaine et turque*, Paris, Presses de sciences Po.

BROUARD S. et TIBERJ V. (2007), « L'incorporation politique 'à la française' : modèles explicatifs des alignements politiques des Français d'origine maghrébine, africaine et turque », *Migrations-société*, vol. 19, n° 113, pp. 127-148.

consultations ethnocliniques : migrations en héritage et mémoires des 'origines' », *Revue européenne des migrations internationales*, vol. 29, n° 1, pp. 69-89.

BIDART C. (2012), *Grandir avec les autres. Processus de socialisation et évolutions des réseaux personnels, Habilitation à diriger des recherches en Sociologie*, Université de Toulouse, soutenue le 15 mai 2012. http://tel.archives-ouvertes.fr/tel-00847143

BIDET J. (2010), « Revenir au bled. Tourisme diasporique, généalogique, ethnique ou identitaire ? », *Diasporas*, n° 14, pp. 13-32.

BLANCHARD P. (2014), « Question noire et présence afro-antillaise en France : de l'invisible au visible », in M. Poinsot et S. Weber (dir.), *Migrations et mutations de la société française, l'Etat des savoirs*, La découverte, pp. 324-332.

BOISSON M. (en collaboration avec C. Collombet) (2010), « Des 'ghettos' français : abus de langage ou réalité ? Le débat sur la ségrégation à l'heure de la réforme de la politique de la ville », *La Note de veille du Centre d'analyse stratégique*, n° 178, pp. 1-14.

BOLZMAN C. et SANTELLI E. (2007), « Une comparaison franco-suisse à propos des jeunes issus de l'immigration : quelles spécificités des modes d'entrée dans la vie adulte ? », *Migrations-Société,* vol. 19, n° 113, pp. 111-125.

BONVALET C., CLÉMENT C. et OGG J. (2011), *Réinventer la famille : l'histoire des baby-boomers*, Paris, PUF, coll. « Le lien social ».

BORREL C. et SIMON P. (2005), « Les origines des français », in C. LEFÈVRE et A. FILHON (dir.), *Histoires de familles, histoires familiales. Les résultats de l'enquête Famille de 1999,* Paris, Ined.

BOUCHER M. (2000), *Les théories de l'intégration. Entre universalisme et différentialisme*, Paris, L'Harmattan.

BOUKHOBZA N. (2001), « Dénouer les noces », *Terrain*, n° 36, pp. 45-56.

BOUKHOBZA N. (2005), « Les filles naissent après les garçons. Représentations sociales des populations d'origine maghrébine en France », *Revue européenne des migrations internationales*, vol. 21, n° 1, pp. 227-242.

BOUMAHDI R. et GIRET J.-F. (2005), « Une analyse économétrique des disparités d'accès à l'emploi et de rémunérations entre jeunes d'origine française et jeunes issus de l'immigration », *Revue économique*, vol. 56, n° 3, pp. 625-636.

BOUVIER G. (2012), « Les descendants d'immigrés plus nombreux que les immigrés : une position française originale en Europe », *Insee Références*

Badinter E. et Le Bras H. (dir.) (2009), *Le retour de la race. Contre les statistiques ethniques*, La Tour d'Aigues, Editions de l'Aube.

Basch L., Glick-Schiller N. et Szanton-Blanc C. (1994), *Nations unbound: Transnational projects, post-colonial predicaments, and deterritorialized nation-states*, Gordon and Breach, Langhorne.

Bastide H. (1982), « Les enfants d'immigrés et l'enseignement français. Enquête dans les établissements du premier et second degré », *Travaux et Documents de l'Ined*, n° 97.

Battagliola F., Brown E. et Jaspard M. (1997), « Itinéraires de passage à l'âge adulte. Différences de sexe, différences de classe », *Sociétés contemporaines*, n° 25, pp. 85-103.

Battegay A. (1990), « La déstabilisation des associations Beurs en région Rhône-Alpes », *Les annales de la recherches urbaines*, n° 49, pp. 104-113.

Beauchemin C., Hamel C. et Simon P. (dir.) (2010), « Trajectoires et origines. Enquête sur la diversité des populations en France », *Documents de travail de l'Ined*, n° 168.

Beauchemin C., Hamel C. et Simon P. (dir.) (2015), *Trajectoires et origines : enquête sur la diversité des populations en France*, Paris, Ined, coll. « Grandes Enquêtes ».

Beauchemin C., Lagrange H. et Safi M. (2010), « Entre ici et là-bas : un aperçu des pratiques "transnationales" de la population vivant en France métropolitaine », in C. Beauchemin, C. Hamel et P. Simon (dir.), *Documents de travail de l'Ined*, n° 168, pp. 25-30.

Beaud S. et Masclet O. (2006), « Des "marcheurs" de 1983 aux "émeutiers" de 2005. Deux générations sociales d'enfants d'immigrés », *Annales. Histoire, Sciences sociales*, n° 4, pp. 809-843.

Beaud S. et Pialoux M. (1999), *Retour sur la condition ouvrière*, Paris, Fayard.

Beaud S. et Pialoux M. (2003), *Violences urbaines, violences sociales. Genèse des nouvelles classes dangereuses*, Paris, Fayard.

Beck U. et Sznaider N. (2010), "Unpacking cosmopolitanism for the social sciences: a research agenda." *The Bristish journal of sociology*, vol. 61, pp. 381-403.

Belhadj M. (2006), *La conquête de l'autonomie. Histoire de Françaises descendantes de migrants algériens*, Paris, Les Editions de l'Atelier.

Belkacem L. (2013), « Jeunes descendants d'immigrants ouest-africains en

参考文献

Aeberhardt R., Fougère D., Pouget J. et Rathelot R. (2010), « L'emploi et les salaires des enfants d'immigrés », *Economie et statistique*, n° 433-434, pp. 31-46.

Agora (2015), Les émeutes de 2005, 10 ans après. Rétrospectives et perspectives, vol. 2, n° 70.

Alba R. et Nee V. (2003), *Remaking the American Mainstream. Assimilation and Contemporary Immigration,* Cambridge, Harvard University Press.

Amrani Y. et Beaud S. (2004), *Pays de malheur ! Un jeune de cité écrit à un sociologue*, Paris, La Découverte.

Aouici S. et Gallou R. (2013), « Ancrage et mobilité de familles d'origine africaine : regards croisés de deux génération », *Enfances, familles, générations*, n° 19, pp. 168-194.

Armagnague M. (2010), « Les dynamiques d'adaptation sociales des communautés turques en France et en Allemagne. Le cas des jeunes générations », *Sociologie*, vol. 1, n° 2, pp. 235-252.

Attias-Donfut C. et Wolff F.-C. (2009), *Le Destin des enfants d'immigrés. Un désenchaînement des générations*, Paris, Stock.

Autant C. (1995), « La tradition au service des transitions. Le mariage des jeunes Turcs dans l'immigration », *Migrants-formation*, n° 101, juin 1995, pp. 168-179.

Autant-Dorier C. (2004), « Traversée de frontiers. L'identité combine d'une jeune fille de France et de Turquie au fil du temps », in C. Cossée, E. Lada et I. Rigoni (dir.), *Faire figure d'étranger. Regards croisés sur la production de l'altérité*, Paris, A. Colin, pp. 103-118.

Avanza M. (2010), « Qui représentent les élus de la 'diversité' ? », *Revue française de science politique*, vol. 60, n° 4, pp. 745-767.

Avenel C. (2004), *Sociologie des quartiers sensibles*, Paris, A. Colin, coll. « 128 ».

Avenel C. (2006), « Quelle autonomie pour les jeunes issus de l'immigration maghrébine », in C. Bidart (dir.), *Devenir adulte aujourd'hui : perspectives internationales*, INJEP, Collection « Débats-Jeunesse », L'Harmattan, pp. 211-227.

「ルペール « Repères »」シリーズとは

ラ・デクベルト社の「ルペール « Repères »」シリーズは、ジャン＝ポール・プリウ氏の監修の下、1987年から開始された。シリーズの単価は10ユーロ以下で、128頁以内にまとめられている。2004年からは、パスカル・コンブマル氏が監修を務め、経済、社会学、政治学、法学、歴史、経営、文化、コミュニケーション、哲学など10数名の編集委員の下シリーズが刊行されている。今日では700冊を超えるシリーズに達している。

本シリーズは、主に、グランゼコール準備級、大学生、中等教員や大学教員、あるいは様々な市民団体、政治団体、労働組合や市民一般を対象に、わかりやすく最新の学術情報をコンパクトにまとめている。

また、同一のものとして、1941年に発足したフランス大学出版（PUF）から刊行されている「クセジュ « Que sais-je ? »」（文庫クセジュ、白水社）がある。

両者ともに、フランス的教養の普及の一端を担い、広く一般読者に学術研究をわかりやすく、そして安価な形で提供することを目的としている。

ここに、ラ・デクベルト社のルペールシリーズからの一冊が刊行されたことを喜ばしく思うと同時に、今後同シリーズの翻訳が継続され、日本におけるフランスの人文社会科学の普及および現代フランス社会に関心を持つ人が増えることを切に願う次第である。

2019年1月

園山大祐

<著　者>

エマニュエル・サンテリ（Emmanuelle Santelli）

マックス・ウェーバー研究所（リヨン大学）教授／移民社会学
『フランスの社会階層と進路選択』（共著、勁草書房、2018）
Beate Collet, Emmanuelle Santelli, *Couples d'ici, parents d'ailleurs. Parcours de descendants d'immigrés*, PUF, 2012.
Emmanuelle Santelli, *La mobilité sociale dans l'immigration. Itinéraires de réussite des enfants d'origine algérienne*, Presses Universitaires du Mirail, 2001.

<監修者>

園山　大祐（そのやま　だいすけ）

大阪大学人間科学研究科教授／移民教育・比較教育社会学
『フランスの社会階層と進路選択』（編著、勁草書房、2018）、『教育の大衆化は何をもたらしたか』（編著、勁草書房、2016）、『岐路に立つ移民教育』（編著、ナカニシヤ出版、2016）、『日仏比較　変容する社会と教育』（共編著、明石書店、2009）

<訳　者>

村上　一基（むらかみ　かずき）

東洋大学社会学部講師／社会学
『フランスの社会階層と進路選択』（共著、勁草書房、2018）、『国際社会学』（共著、有斐閣、2015）

現代フランスにおける移民の子孫たち
——都市・社会統合・アイデンティティの社会学

2019年2月28日　初版第1刷発行

著　者　エマニュエル・サンテリ
監修者　園　山　大　祐
訳　者　村　上　一　基
発行者　大　江　道　雅
発行所　株式会社　明石書店
〒101-0021　東京都千代田区外神田6-9-5
電　話　03（5818）1171
FAX　03（5818）1174
振　替　00100-7-24505
http://www.akashi.co.jp
装　丁　明石書店デザイン室
DTP　レウム・ノビレ
印刷・製本　モリモト印刷株式会社

（定価はカバーに表示してあります）　ISBN978-4-7503-4794-3